全国高职高专经济管理专业"十三五"规划精品教材·会计类

会计基础与操作（第二版）

- 主　编　袁　敏　成　静　张　涛
- 副主编　余为凤　刘春苗　易　伦　葛　蓓
　　　　　胡　冬　张　越　兰　月　熊文铱

华中科技大学出版社
http://www.hustp.com
中国·武汉

图书在版编目(CIP)数据

会计基础与操作/袁敏,成静,张涛主编. —2版. —武汉:华中科技大学出版社,2019.1(2022.7重印)
全国高职高专经济管理专业"十三五"规划精品教材.会计类
ISBN 978-7-5680-4705-0

Ⅰ.①会…　Ⅱ.①袁…　②成…　③张…　Ⅲ.①会计学-高等职业教育-教材　Ⅳ.①F230

中国版本图书馆 CIP 数据核字(2019)第 012438 号

会计基础与操作(第二版)　　　　　　　　　　　　　　　　　　袁　敏　成　静　张　涛　主编
Kuaiji Jichu yu Caozuo(Di-er Ban)

策划编辑：曾　光
责任编辑：史永霞
封面设计：孢　子
责任监印：朱　玢

出版发行：华中科技大学出版社(中国·武汉)　　　电话：(027)81321913
　　　　　武汉市东湖新技术开发区华工科技园　　　邮编：430223
录　　排：武汉创易图文工作室
印　　刷：广东虎彩云印刷有限公司
开　　本：787mm×1092mm　1/16
印　　张：10.75
字　　数：278 千字
版　　次：2022 年 7 月第 2 版第 6 次印刷
定　　价：35.00 元

本书若有印装质量问题,请向出版社营销中心调换
全国免费服务热线：400-6679-118　　竭诚为您服务
版权所有　侵权必究

前言

为满足高职高专会计专业教学需要，根据《中华人民共和国会计法》《企业会计准则》和相关法规、制度，结合高职高专教学特点，并参考有关教材，编写了这本《会计基础与操作（第二版）》。

《会计基础与操作（第二版）》是论述会计学基本理论、基本方法和基本操作技能的入门教材。会计作为一个经济信息系统，在市场经济和现代企业迅速发展进程中，其地位和作用越来越重要。了解和掌握会计学的基础知识，对于高职院校财经类学生来说是至关重要的。

本书在教材编写的整体框架上，打破了常规教材侧重于理论知识体系的模式，更注重岗位工作过程中的实际操作流程。以实际会计工作情境为平台，将割裂的会计核算方法融于实际工作需求中，既突出了知识的应用性，同时，又让学生对会计工作的整体框架有了更清晰的认识。针对高职院校学生的特点，为了突出技能的培养，我们重新组织编排了相关的教学内容，在保留了全面、必需的会计基础专业知识的基础上，更加注重实用性、操作性和技能性。同时，为了便于学生了解和把握相关知识点，每一项目、模块后都安排了适量的练习题，供学生练习及自我检验。这种教、学、练合一的教学模式，有助于学生在学习过程中准确理解和掌握会计的基本理论和操作技能，也有助于学生实际工作技能的培养和职业习惯的养成，还有助于进一步锻炼和提高学生分析问题和解决问题的综合职业能力。

本书可作为高职高专财务会计专业及经济管理类相关专业的教学用书，也可作为在职人员岗位培训的教材及自学参考书等。

本书共分六个项目。编写人员由长期从事会计专业教学并有丰富经验的教师和行业专家共同组成。全书由武汉城市职业学院袁敏、成静老师及湖北省会计领军人才张涛先生联合主编，余为凤、刘春苗、易伦、葛蓓、胡冬、张越、兰月、熊文铉等老师任副主编。

限于编者水平及对某些内容和体系上所进行的新尝试，书中难免存在不妥和疏漏之处，恳请广大读者和同行专家批评指正。

编 者
2018 年 11 月

目录

项目1　会计基础认知 ………………………………………………………………（1）
　　模块1　会计的基本知识 …………………………………………………………（2）
　　模块2　会计等式 …………………………………………………………………（21）
项目2　原始凭证的填制与审核 ……………………………………………………（26）
　　模块1　识别原始凭证 ……………………………………………………………（27）
　　模块2　填制原始凭证 ……………………………………………………………（33）
　　模块3　审核原始凭证 ……………………………………………………………（42）
项目3　记账凭证的填制与审核 ……………………………………………………（47）
　　模块1　设置会计科目与账户 ……………………………………………………（48）
　　模块2　复式记账 …………………………………………………………………（54）
　　模块3　填制记账凭证 ……………………………………………………………（65）
　　模块4　审核记账凭证 ……………………………………………………………（92）
项目4　会计账簿 ……………………………………………………………………（94）
　　模块1　会计账簿认知 ……………………………………………………………（95）
　　模块2　登账 ………………………………………………………………………（99）
　　模块3　对账 ………………………………………………………………………（118）
　　模块4　结账 ………………………………………………………………………（131）
项目5　财务会计报告 ………………………………………………………………（137）
　　模块1　认知财务会计报告 ………………………………………………………（138）
　　模块2　资产负债表 ………………………………………………………………（140）
　　模块3　利润表 ……………………………………………………………………（146）
项目6　会计档案的归档与保管 ……………………………………………………（155）
　　模块1　整理和归档会计档案 ……………………………………………………（156）
　　模块2　会计档案的保管 …………………………………………………………（158）
附录　《中华人民共和国会计档案管理办法》 ……………………………………（163）
参考文献 ………………………………………………………………………………（168）

项目 1 会计基础认知

【知识目标】
(1) 理解会计的概念。
(2) 掌握会计对象、会计要素。
(3) 了解会计核算的基本前提和会计信息质量要求。

【技能目标】
(1) 能对经济业务涉及的会计要素进行分类。
(2) 能区分权责发生制和收付实现制。
(3) 能说出会计核算方法。

导学案例：

甲、乙、丙、丁是四个好伙伴。有一次在一起聚会,一通天南海北之后,聊起了"什么是会计"这一话题。四人各执一词,谁也说服不了谁。

甲:什么是会计?这还不简单,会计就是指一个人,比如,我们公司的刘会计,是我们公司的会计人员,这里会计不是指人是指什么?

乙:不对,会计不是指人,会计是指一项工作。比如,我们常常这样问一个人,你在公司做什么,他说,他在公司当会计,这里会计当然是指会计工作了。

丙:会计不是指一项工作,也不是指一个人,而是指一个部门、一个机构,即会计机构。你们看,每个公司都有一个会计部,或者会计处什么的,这里会计就是指会计部门,显然是一个机构。

丁:你们都错了,会计既不是一个人,也不是一项工作,更不是指一个机构,而是指一门学科。比如,我弟弟就是在××大学学会计的,所以,会计是指一门学科。

结果,他们谁也说服不了谁。亲爱的同学,如果让你来谈谈"什么是会计"这一问题,你会怎么说呢?

引例分析：

在日常生活中,会计确实有多种不同的含义。甲、乙、丙、丁四个人的看法都说明了会计含义的一部分,但又都不全面。我们说的会计主要还是指会计工作和会计学。会计是一项经济管理工作,一项为生产经营活动服务的社会实践,这就是说,认为会计是指会计工作。同时,又认为,既然有会计工作的实践,就势必有实践经验的总结和概括,就会形成会计的理论,就有会计工作赖以进行的指导思想,所以说,会计是解释和指导会计实践的知识体系,它也是一门学科。可见,会计既指会计学,也指会计工作,会计既包括会计理论,也包括会计实践。

模块 1 会计的基本知识

工作任务 1 认识会计

一、会计的产生和发展

会计是适应社会生产力的发展和人类管理生产的客观需要而产生的,是生产力和生产关系发展到一定阶段的产物,并随着生产力和管理科学的发展而发展。

(一)会计的产生

在人类社会发展初期,生产力水平低下,生产活动极其简单,人们对生产过程数量方面的了解,只凭头脑记忆或简单的刻记。当猎物、谷物等有了剩余并进行交换时,由于没有文字出现,人们只能用"绘图记事""结绳记事""刻木记事"等简单的方法。这些简单的原始的记录、计量行为,属于一种综合性的行为,它不仅与会计有关,而且与统计有关,这些行为是生产职能的附带部分。生产活动的日趋复杂,尤其是剩余产品的大量出现,为会计的社会分工提供了物质条件;文字和数字的出现,为记账、算账等会计工作提供了物质手段,会计便从原来"生产职能的附带部分"中分离出来,逐渐成为一种专职的、独立的管理生产活动工作。

(二)会计的发展

1. 我国会计的发展

我国早在西周时期就出现"会计"一词。西周王朝设立了"司会"这一专职官吏来掌管国家和地方的"百物财用"。《周礼·天官》中记载:"司会主天下之大计,掌邦之六典、八法、八则……而听其会计……以参互考日成,以月要考月成,以岁会考岁成。"这里"参互""月要""岁会"都属于报告文书,具有一定的现代会计报表的功能,说明在我国西周时期就已经形成了比较严密的会计钩稽制度。清代学者所著《孟子正义》中针对当时的会计讲"零星算之为计,总合算之为会",即把日常的零星核算称之为"计",把对一定时期经济情况的总和考核称之为"会"。这说明在这个时期我国会计已经有了比较明确的概念,记账、算账、报账和用账这四个方面的基本内容已大体概括于会计核算的内涵之中。

春秋战国至秦汉时期,出现了"簿书"(或称籍书),用"入"和"出"作为记录符号来反映各项经济收支。这种方法在西汉得到了显著发展,并把记录会计事项的简册称为"簿书"或"计簿",把记录统计事项的简册称为"籍"。"簿书"可以看作是我国会计账簿的雏形。

唐宋时期社会生产力快速发展,会计方法也得到了很大发展。唐代出现"账簿"一词,到宋朝会计又有了突飞猛进的发展,出现了"四柱清册"。所谓四柱,即"旧管、新收、开除、实在",其含义分别相当于今天的"期初结存""本期收入""本期支出""期末结存"。通过"旧管＋新收－开除＝实在"的平衡公式进行结账,以此来说明财产的来龙去脉。"四柱清册"的最终形成,把我国古代传统的单式收付簿记法提到了一个较为科学的高度,为后来收付记账法的产生奠定了理论基础。

明末清初我国的商业和手工业出现空前的繁荣,到了明末,我国会计工作者又在"四柱清册"的基础上,设计了更加完备的"龙门账"核算方法。它把全部账目划分为"进"(全部收入)、"缴"(全部支出)、"存"(全部资产,包括债权)、"该"(资本及全部负债)四大类,运用"进－缴＝存－该"的平衡公式计算盈亏,年终结账时,一方面根据"进"与"缴"两类账目的记录编制"进缴表",另一方面根据"存"与"该"两类账目的记录编制"存该表"。两式计算结束相符,称为合龙门,"龙门账"就因此而得名。"龙门账"中的"进缴表"相当于今天的"利润表","存该表"相当于今天的"资产负债表"。

清朝乾隆至嘉庆年间,随着商品货币关系的进一步发展,在民间商业界又创立了一种比较成熟的复式记账法——"四脚账",又称"天地合"。"四脚账"对企业发生的日常经济事项无论现金出纳、商业购销、内外往来等,均在账簿上记录两笔账,即要登记某一账项的来龙和去脉。账簿采用垂直书写,分上、下两格,上格记收,称为"天",下格记付,称为"地",上、下两格所记数额必须相等,即所谓"天地合"。"天地合"的出现表明我国会计工作者早在明末清初就为近代会计中的"复式记账"原理做出过极为重大的贡献。

目前我国已逐步建立了与国际会计惯例相接轨的科学的现代会计体系。新《企业会计准则》的颁布和施行标志着我国与国际财务报告准则趋同的企业会计准则已基本建成,其意义重大,影响深远。新《企业会计准则》由财政部制定,于2006年2月15日财政部令第33号发布,自2007年1月1日起施行。迄今为止包括1个基本准则和41个具体准则。

由此看来,我国的会计从产生到现在经历了一个漫长的历史发展过程。

2. 西方会计的发展

在西方,会计的萌芽也产生得很早。如古埃及法老设有专职"录事",管理宫廷的税赋收入和官吏俸禄、军饷等各项支出。古巴比伦在金属或瓦片上做商业交易的记录。在古印度,有公社记账员等,他们对会计的发展都做出了很大的贡献。但作为专门的记账方法,在13世纪以后才出现。在欧洲,13世纪初期,地中海沿岸封建社会开始解体,资本主义开始萌芽。意大利的佛罗伦萨出现高利贷者。他们从官吏、富商手中将闲散钱财聚集起来,放给手工业者,用"借"和"贷"分别反映其业务。这是借贷记账法的萌芽,称为"威尼斯簿记法"。1494年,意大利数学家卢卡·帕乔利(Luca Pacioli)在《算术、几何、比与比例概要》中的"簿记论"一章中,系统地总结了借贷记账法。该法被公认为最早形成文字的复式记账法,也是会计发展史上的一个重要里程碑,标志着近代会计的形成。

第二次世界大战后,特别是20世纪50年代以后,西方资本主义世界生产力迅猛发展,跨国公司的大量涌现,使企业间竞争空前激烈。企业的生存、发展除了要不断开拓海外市场外,还要不断加强企业内部管理,做好企业预测、决策和内部生产经营的控制工作。为了适应这种管理上的需要,传统会计内部发生了分化,逐步发展成为财务会计和管理会计两大分支。通常认为,管理会计形成并与财务会计相分离而成为单独的学科,是现代会计的开端,在会计发展史上具有划时代的意义。

所以,从我国和西方社会对会计产生、发展的简要叙述可以看出,会计经历了一个由简单到复杂、由低级到高级不断发展和完善的过程。实践证明:经济越发展,会计越重要。

二、会计的概念

尽管会计从产生到现在已有几千年的历史,但是人们对会计本质的认识存在着不同的看法,致使会计至今尚无一个明确、统一的定义。就目前会计理论界研究的观点而言,"信息系统论"和"管理活动论"成为会计的两大主要流派。

"信息系统论"认为:会计是一个以提供财务信息为主的经济信息系统。具体地讲,会计信息系统是指在企业或其他组织范围内旨在反映和控制企业或组织的各种经济活动,由若干具有内在联系的程序、方法和技术组成,由会计人员加以管理,用以处理经济数据、提供财务信息和其他有关信息的有机整体。这种观点将会计看成是为经济管理提供价值信息服务的,但本身并不是经济管理活动。我国会计理论界提出"信息系统论"观点的代表人物是余绪缨、葛家澍教授。

"管理活动论"认为:会计的本质是一种经济管理活动。将会计作为一种管理活动并使用"会计管理"这一概念在西方管理理论学派中早已存在。"古典管理理论"学派的代表人物法约尔把会计活动列为经营的六种职能活动之一。美国人卢瑟·古利克则把会计管理列为管理化功能之一。我国会计理论界提出"管理活动论"观点的代表人物是杨纪琬、阎达五教授。他们认为,"无论从理论上还是从实践上看,会计不仅仅是管理经济的工具,它本身就有管理的职能,是人们从事管理的一种活动"。

在本书中我们认为,在将"会计"界定为"会计工作"这一前提下,将会计视为一种经济管理活动较好地反映了会计的本质,有助于推动会计工作的发展。因此,我们倾向于选择会计"管理活动论",认为会计是以货币为主要计量单位,运用一系列专门的方法和程序,对企事业、机关单位或其他经济组织的经济活动进行连续、系统、全面、综合的核算和监督,旨在提供经济信息和提高经济效益的一项经济管理活动。

三、会计的职能

从会计定义中我们可以看出,会计是随着生产的发展,逐步从企业各项经营活动中分离出来的一项提高经济效益的管理活动。会计在经济管理工作中所具有的功能或能够发挥的作用,即会计的职能,包括核算、预测、参与决策、实行监督。随着经济的发展和管理要求的提高,会计职能是不断变化的并且彼此联系。会计的基本职能是进行会计核算,实行会计监督。

(一) 会计核算

会计核算是会计最基本的职能,它是以货币计量为主要单位,对各类单位经济业务活动或者预算执行情况及其结果进行连续、系统、全面的记录和计量,并据以编制会计报表。它要求各单位必须根据实际发生的经济业务事项进行会计核算。其特点表现在如下三个方面。

(1) 会计核算主要是从价值量上反映各经济主体的经济活动状况的。会计核算是对各单位的一切经济业务,以货币计量为主,进行记录、计算,以保证会计记录和反映的完整性。

(2) 会计核算具有连续性、系统性和完整性的特点。各单位必须对所有客观发生的经济业务,即涉及资金运动或资金增减变化的事项,采用系统的核算方法体系,按时间顺序,无一遗漏地进行记录。

(3)会计核算应对各单位经济活动的全过程进行反映。随着商品经济的发展,市场竞争日趋激烈,会计在对已经发生的经济活动进行事中、事后的记录、核算、分析,反映经济活动的现实状况及历史状况的同时,发展到事前核算、分析和预测经济前景。

(二)会计监督

会计监督职能是指会计具有按照一定的目的和要求,利用会计反映职能所提供的经济信息,对企业和行政事业单位的经济活动进行控制,使之达到预期目标的功能。会计的监督职能主要具有以下特点。

(1)会计监督主要是通过价值量指标来进行监督工作的。由于基层单位进行的经济活动,同时都伴随着价值运动,表现为价值量的增减和价值形态的转化,因此,会计通过价值指标可以全面、及时、有效地控制各个单位的经济活动。

(2)会计监督同样也包括事前、事中和事后的全过程的监督。会计监督的依据有合法性和合理性两种。合法性的依据是国家的各项法令及法规,合理性的依据是经济活动的客观规律及企业自身在经营管理方面的要求。

会计核算与会计监督是相互作用、相辅相成的。核算是监督的基础,没有核算,监督就无从谈起;而监督是会计核算质量的保证。

四、会计的目标

会计的目标是指在一定的历史条件下,人们通过会计所要实现的目的或达到的最终结果。由于会计是整个经济管理的重要组成部分,会计目标当然从属于经济管理的总目标,或者说会计目标是经济管理总目标下的子目标。在将提高经济效益作为会计终极目标的前提下,我们还需要研究会计核算的目标,即向谁提供信息、为何提供信息和提供何种信息。

根据会计定义,我们可以得知会计核算的目标是向有关各方提供会计信息,以帮助决策。会计的目标,决定于会计资料使用者的要求,也受到会计对象、会计职能的制约。我国《企业会计准则》中对于会计核算的目标做了明确规定:会计的目标是向财务会计报告使用者提供与企业财务状况、经营成果和现金流量等有关的会计信息,反映企业管理层受托责任履行情况,有助于财务会计报告使用者做出经济决策。

上述会计核算的目标,实质上是对会计信息质量提出的要求。它可以划分为以下两个方面。

第一方面,是满足于对企业管理层的监管需要。如资金委托人对受托管理层是否很好管理其资金进行评价和监督,工会组织对管理层是否保障工人基本权益的评价,政府及有关部门对企业绩效评价和税收的监管,社会公众对企业履行社会职能的监督,等等。

第二方面,是满足于相关团体的决策需要。如满足潜在投资者投资决策需要、满足债权人是否进行借贷决策需要等。

会计的目标是会计管理运行的出发点和最终要求。会计的目标决定和制约着会计管理活动的方向,在会计理论结构中处于最高层次;同时,在会计实践活动中,会计目标又决定着会计管理活动的方向。随着社会生产力水平的提高、科学技术的进步、管理水平的改进及人们对会计认识的深化,会计目标会强烈地随着社会经济环境的变化而变化。

五、会计的对象

会计的对象即会计核算和监督的内容。凡是能够以货币表现的经济活动的特定对象,都是会计核算和会计监督的内容。而以货币表现的经济活动,通常又称为价值运动或资金运用。

资金运用包括特定对象的资金投入、资金循环和周转、资金退出等过程,而具体到企业、事业、行政单位又有较大的差异。下面以工业为例说明资金运用的过程。

1. 资金投入

工业企业要进行生产经营,必须拥有一定的资金,这些资金的来源包括所有者投入的资金和债权人投入的资金两部分,前者属于企业所有者权益,后者属于企业债权人权益——企业负债。投入企业的资金要用于购买机器设备和原材料并支付职工的工资等。这样投入的资金最终构成企业流动资产、非流动资产和费用。

2. 资金循环和周转

工业企业的经营过程包括供应、生产、销售三个阶段。在供应过程中企业要购买原材料等劳动对象,发生材料买入价、运输费、装卸费等材料采购成本,与供应单位发生货款的结算关系。在生产过程中,劳动者借助于劳动手段将劳动对象加工成特定的产品,同时发生原材料消耗、固定资产磨损的折旧费、生产工人劳动耗费的人工费,使企业与职工之间发生工资结算关系、有关单位之间发生劳务结算关系等。在销售过程中将生产的产品销售出去,发生支付销售费用、收回货款、交纳税金等业务活动,并同购货单位发生货款结算关系,同税务机关发生税务计算关系。综上所述,资金的循环就是从货币资金开始依次转化为储备资金、生产资金、产品资金,最后又回到货币资金的过程,资金周而复始的循环称为资金的循环。

3. 资金退出

包括偿还债务、上缴各项税金、向所有者分配利润等,使得这部分资金离开本企业,退出企业的资金循环和周转。

上述资金运用的三个阶段是相互支持、相互制约的统一体,没有资金的投入,就没有资金的循环和周转,就不会有债务的偿还、税金的上缴和利润的分配等;没有资金的退出,就不会有新一轮的资金投入,就不会有企业的进步和发展。

资金运用的具体过程如图 1-1 所示。

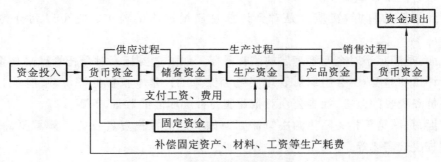

图 1-1 资金运用的具体过程

> 小问题:知道了会计核算对象,就能详细反映不同经济业务给企业带来的影响吗?

工作任务2　会计要素认知

对会计对象的具体内容进行最基本的分类,称为会计要素。企业能以货币表现的经济业务纷繁复杂,要准确核算,必须将其分类处理,所以,会计要素就是对会计核算内容进行的归类。

我国《企业会计准则》将会计要素分为资产、负债、所有者权益、收入、费用和利润六大类。其中,资产、负债和所有者权益要素侧重于反映企业的财务状况,收入、费用和利润要素侧重于反映企业的经营成果。

会计要素的界定和分类使财务会计系统更加科学、严密,并可为会计信息使用者提供更加有用的会计信息。

一、资产

1. 资产的定义

资产是指企业过去的交易或事项形成的,由企业拥有或控制的,预期会给企业带来经济利益的资源。一个企业要发展,必然要拥有一定量的资产,如资金、房屋设备等。

2. 资产的特征

(1) 资产是由企业过去发生的交易或事项形成的,预期在未来发生的交易或者事项带来的资源,不会形成企业现在的资产。例如,已经发生的购入原材料的交易会形成企业的资产,而计划中的原材料购买交易则不会形成企业目前的资产。

(2) 资产应为企业拥有或控制的资源。所有权或控制权对于判断某项资源是否属于企业的资产至关重要。例如,以融资租赁方式租入的固定资产,虽然对于承租企业来说在租赁期内并不拥有其所有权而仅拥有其使用权,但在此期间企业能够控制它,并能从该资产的使用中获得经济利益,因而应将其作为本企业的资产。而以经营租赁方式租入的固定资产,由于承租企业未拥有其所有权,也不能控制它,所以不能将其作为本企业的资产。

(3) 资产预期会给企业带来经济利益。凡是不能给企业带来经济利益的资源,企业都不能确认为资产。例如,仓库里已经失效或毁损的货物,因其不能再出售或不再具有使用价值,已不能在未来给企业带来经济利益,就不应再作为企业的资产。

3. 资产的确认条件

符合上述资产定义,同时满足以下条件时,才能确认为资产。

(1) 与该资源有关的经济利益很可能流入企业。

(2) 该资源的成本或价值能够可靠计量。

4. 资产的分类

资产按照流动性可分为流动资产和非流动资产。流动资产是指可以在一年内(含一年)或超过一年的一个营业周期内变现或者耗用的资产,包括库存现金、银行存款、应收及预付款项、存货等;非流动资产是指使用期限超过一年或超过一年的一个营业周期以上才能变现或耗用的资产,包括房屋建筑物、机器设备、运输工具等固定资产,以及无形资产、长期股权投资等。

二、负债

1. 负债的定义
负债是指企业过去的交易或事项形成的,预期会导致经济利益流出企业的现时义务。

2. 负债的特征
(1) 负债是由企业过去的交易或事项形成的。只有过去的交易或事项才形成负债,企业将在未来发生的承诺、签订的合同等交易或事项,不形成负债。例如,某企业计划向银行贷款,由于贷款行为未发生,所以不能形成企业的负债。

(2) 负债预期会导致经济利益流出企业。由于负债最终需要清偿,所以会导致经济利益流出企业。例如,用现金或实物资产偿还债务时,负债减少的同时,企业的现金或实物资产也减少了。

(3) 负债是企业承担的现时义务。现时义务是指企业在现行条件下已承担的义务。例如,某企业购买材料未支付货款,因而形成了企业负债,需要依法予以偿还。

3. 负债的确认条件
符合上述负债定义,同时满足以下条件时,才能确认为负债。
(1) 与该义务有关的经济利益很可能流出企业。
(2) 未来流出经济利益的金额能够可靠计量。

4. 负债的分类
负债按照偿还期可以分为流动负债和非流动负债。流动负债是指偿还期限在一年(含一年)或者超过一年的一个营业周期内的债务,包括短期借款、应付及预收款项、应交税费等;非流动负债是指流动负债以外的债务,包括长期借款、应付债券、长期应付款等。

三、所有者权益

1. 所有者权益的定义
所有者权益是指企业资产扣除负债后,由所有者享有的剩余权益。公司的所有者权益又称为股东权益。所有者权益是所有者对企业资产的剩余索取权,它是企业的资产扣除债权人权益后应由所有者享有的部分,既可反映所有者投入资本的保值增值情况,又体现了保护债权人权益的理念。

所有者权益的来源包括所有者投入的资本、其他综合收益、留存收益等,通常由实收资本(或股本)、资本公积(含股本溢价或资本溢价、其他资本公积)、其他综合收益、盈余公积和未分配利润等构成。

所有者投入的资本,是指所有者投入企业的资本部分。它既包括构成企业注册资本或者股本的金额,这部分投入资本作为实收资本反映,也包括投入资本超过注册资本或股本部分的金额,即资本溢价或股本溢价,这部分投入资本作为资本公积(资本溢价)反映。

其他综合收益,是指企业根据会计准则规定未在当期损益中确认的各项利得和损失。

留存收益是指企业从历年实现的利润中提取或留存于企业内部的积累,包括盈余公积和未分配利润。

2. 所有者权益的确认条件
所有者权益体现的是所有者在企业中的剩余权益,因此,所有者权益的确认和计量主要依赖于资产和负债的确认和计量。例如,企业接受投资者投入的资产,在该资产符合资产确认条件时,就相应地符合所有者权益的确认条件;当该资产的价值能够可靠计量时,所有者权益的金额也就可以确定。

四、收入

1. 收入的定义

收入是指企业在日常活动中形成的、会导致所有者权益增加的、与所有者投入资本无关的经济利益的总流入。

2. 收入的特征

(1)收入是企业日常活动中形成的,而不是从偶然的交易或事项中产生的。日常活动是指企业为完成其经营目标而从事的经常性活动,以及与之相关的活动,例如工业企业销售产品、商业企业销售商品、服务企业提供劳务的活动等。但是,例如接受捐赠、取得赔款而产生的经济利益流入,因是偶发的经济活动产生的,所以不能确认为收入。

(2)收入可能表现为资产的增加,如收到货款;也可能表现为负债的减少,如用货物抵债;还可能二者兼有。

(3)收入会导致企业所有者权益的增加。

3. 收入的确认条件

当企业与客户之间的合同同时满足下列条件时,企业应当在客户取得相关商品控制权时确认收入:

(1)合同各方已批准该合同并承诺将履行各自义务。

(2)该合同明确了合同各方与所转让商品或提供劳务相关的权利和义务。

(3)该合同有明确的与所转让商品或提供劳务相关的支付条款。

(4)该合同具有商业实质,即履行该合同将改变企业未来现金流量的风险、时间分布或金额。

企业因向客户转让商品或提供劳务而有权取得的对价很可能收回。

4. 收入的分类

按照日常活动在企业中所处的地位,收入可分为主营业务收入和其他业务收入。主营业务收入,是指企业主要经营活动产生的业务收入。例如,工业企业销售产品取得的收入。其他业务收入,是指企业从事主营业务以外的其他业务活动所取得的收入。例如,工业企业销售购进的材料、出租房屋设备等活动取得的收入。

五、费用

1. 费用的定义

费用是指企业在日常活动中发生的、会导致所有者权益减少的、与向所有者分配利润无关的经济利益的总流出。

2. 费用的特征

(1)费用是企业日常活动中发生的。

(2)费用可能表现为资产的减少,也可能表现为负债的增加,还可能二者兼有。

(3)费用会导致企业所有者权益的减少。

3. 费用的确认条件

符合上述费用定义,同时满足以下条件时,才能确认为费用。

(1) 与费用有关的经济利益很可能流出企业。

(2) 经济利益很可能流出企业的结果会导致企业资产减少或负债增加。

(3) 经济利益的流出额能够可靠计量。

4. 费用的内容

会计要素中的费用是指日常活动产生的费用,通常包括营业成本(主营业务成本和其他业务成本)、税金及附加、销售费用、管理费用和财务费用等。

六、利润

1. 利润的定义

利润是指企业在一定会计期间的经营成果。通常情况下,如果企业实现了利润,表明企业的所有者权益增加;反之,如果企业发生亏损(即利润为负数),表明企业的所有者权益减少。

利润包括收入减去费用后的净额、直接计入当期损益的利得和损失等。收入减去费用后的净额反映的是企业日常活动的经营业绩,直接计入当期损益的利得和损失反映的是企业非日常活动的业绩。利得是指由企业非日常活动所形成的,会导致所有者权益增加的,与所有者投入资本无关的经济利益的流入,包括非流动资产处置利得、非货币性交换利得、债务重组利得、盘盈利得、捐赠利得等。损失是指由企业非日常活动所发生的,会导致所有者权益减少的,与向所有者分配利润无关的经济利益的流出,包括非流动资产处置损失、非货币性交换损失、债务重组损失、公益性捐赠支出、非常损失等。

2. 利润的确认条件

利润的确认主要依赖于收入和费用以及直接计入当期损益的利得和损失的确认,其金额的确定也主要取决于收入、费用、直接计入当期损益的利得、损失金额的计量。

工作任务3 会计核算基本前提

会计核算的基本前提是对会计核算所处的时间、空间环境所做的合理设定。会计核算的基本前提,是为了保证会计工作的正常进行和会计信息的质量,对会计核算的范围、内容、基本程序和方法所做的假定,并在此基础上建立会计原则。国内外会计界多数人公认的会计核算的基本前提有以下四个。

⚠️ 小问题:假设A公司销售一批原材料给B公司,A公司已经把货物发送到B公司仓库,B公司尚未支付货款。请问,如何反映这笔经济业务?反映应收账款,还是应付账款?

一、会计主体

会计主体是指会计信息所反映的特定单位,也称为会计实体、会计个体。会计所要反映的总是特定的对象,只有明确规定会计核算的对象,将会计所要反映的对象与其他经济实体区别开来,才能保证会计核算工作的正常开展,实现会计的目标。

会计主体作为会计工作的基本前提之一,为日常的会计处理提供了空间依据。

第一,明确会计主体,才能划定会计所要处理的经济业务事项的范围和立场。如把A公司作为会计主体的话,只有那些影响A公司经济利益的经济业务事项才能加以确认和计量。与A公司经济业务无关的原材料资产增加、应付负债的增加等要素的变化,A公司都不予以反映。因此,对于上述那项经济业务,对于A公司来说,一方面增加一笔收入,同时增加一笔应收账款(资产增加);同时,对于B公司来说,导致B公司原材料资产增加,同时应付账款负债增加。

第二,明确会计主体,将会计主体的经济活动与会计主体所有者的经济活动区分开来。无论是会计主体的经济活动,还是会计主体所有者的经济活动,都最终影响所有者的经济利益;但是,为了真实反映会计主体的财务状况、经营成果和现金流量,必须将会计主体的经济活动与会计主体所有者的经济活动区别开来。

会计主体不同于法律主体。一般来说,法律主体往往是一个会计主体,例如,一个企业作为一个法律主体,应当建立会计核算体系,独立反映其财务状况、经营成果和现金流量。但是,会计主体不一定是法律主体,比如在企业集团里,一个母公司拥有若干个子公司,在企业集团母公司的统一领导下开展经营活动。为了全面反映这个企业集团的财务状况、经营成果和现金流量,就有必要将这个企业集团的财务状况、经营成果和现金流量予以综合反映。有时,为了内部管理需要,也对企业内部的部门单独加以核算,并编制出内部会计报表,企业内部划出的核算单位也可以视为一个会计主体,但它不是一个法律主体。

二、持续经营

持续经营是指会计主体的生产经营活动将无限期地延续下去,在可以预见的将来,企业不会面临清算、解散、倒闭而不复存在。

企业是否持续经营对会计政策的选择,正确确定和计量财产计价、收益影响很大。例如,采用历史成本计价,是设定企业在正常的情况下运用它所拥有的各种经济资源和依照原来的偿还条件偿付其所负担的各种债务,否则,就不能继续采用历史成本计价。在持续经营的前提下,企业取得机器设备时,能够确定这项资产在未来的生产加工活动中可以给企业带来经济利益,因此可以按支付的所有价款10万元作为固定资产的账面成本,其磨损的价值,在5年内按一定折旧方法计提折旧,并将其磨损的价值计入成本费用。如果企业面临清算,这固定资产只能按当时的公允价值抵偿债务了。

由于持续经营是根据企业发展的一般情况所做的设定,企业在生产经营过程中缩减经营规模乃至停业的可能性总是存在的。为此,往往要求定期对企业持续经营这一前提做出分析和判断。一旦判定企业不符合持续经营前提,就应当改变会计核算的方法。

三、会计分期

会计分期这一前提是从第二个基本前提引申出来的,可以说是持续经营的客观要求。会计分期是指将一个企业持续经营的生产经营活动划分为连续、相等的期间,又称为会计期间。

会计分期的目的是将持续经营的生产经营活动划分为连续、相等的期间,据以结算盈亏,按期编制财务报告,从而及时地向各方面提供有关企业财务状况、经营成果和现金流量等信息。

根据持续经营前提,一个企业将要按当前的规模和状况继续经营下去。要最终确定企业的经营成果,只能等到一个企业在若干年后歇业的时候核算一次盈亏。但是,经营活动和财务经营决策要求及时得到有关信息,不能等到歇业时一次性地核算盈亏。为此,就要将持续不断的经营活动划分为一个个相等的期间,分期核算和反映。会计分期对会计原则和会计政策的选择有着重要影响。会计分期产生了当期与其他期间的差别,从而出现权责发生制和收付实现制的区别,进而出现了应收、应付、递延、预提、待摊这样的会计方法。

会计期间一般可以按照日历时间划分,会计准则明确规定,采取公历年度,自每年1月1日至12月31日止。此外,国际上会计期间可以按实际的经济活动周期来划分,其周期或长于或短于公历年度。

会计期间划分的长短会影响损益的确定,一般来说,会计期间划分得越短,反映经济活动的会计信息质量就越不可靠。当然,会计期间的划分也不可能太长,太长了会影响会计信息使用者及时使用会计信息的满足程度,因此必须恰当地划分会计期间。

四、货币计量

货币计量是指采用货币作为计量单位,记录和反映企业的生产经营活动。

企业资产、负债和所有者权益,尤其是资产可以采取不同的计量属性,如数量计量(个、张、根等)、人工计量(工时等)、货币计量。而会计是对企业财务状况和经营成果全面系统的反映,为此,需要货币这样一个统一的量度。企业经济活动中凡是能够用货币这一尺度计量的,就可以进行会计反映;凡是不能用这一尺度计量的,则不必进行会计反映。当然,统一采用货币尺度,也有不利之处,许多影响企业财务状况和经营成果的一些因素,并不是都能用货币计量的,比如,企业经营战略、在消费者当中的信誉度、企业的地理位置、企业的技术开发能力等。为了弥补货币量度的局限性,要求企业采用一些非货币指标作为会计报表的补充。

在我国,要求采用人民币作为记账本位币,是对货币计量这一会计前提的具体化。考虑到一些企业的经营活动更多地涉及外币,因此规定业务收支以人民币以外的货币为主的单位,可以选定其中一种货币为记账本位币。当然,提供给境内的财务会计报告使用者的应当折算为人民币。

工作任务 4 会计信息质量要求

会计核算的一般原则是进行会计核算的指导思想和衡量会计工作的标准,具体包括两个方面,即衡量会计信息质量方面的一般原则及确认和计量的一般原则。

> 小问题:你认为具有什么特征的会计信息,能满足会计信息使用者的需要?

一、会计信息质量方面的一般原则

2006年2月财政部颁布《企业会计准则——基本准则》,其中对会计信息质量要求的准则,包括可靠性、相关性、明晰性、可比性、实质重于形式、重要性、谨慎性、及时性,这些准则都是为了保证会计信息的质量而提出的,是会计确认、计量和报告质量的保证。

1. 可靠性原则

可靠性原则也称真实性原则,是指企业应当以实际发生的经济业务及证明经济业务发生的合法凭证为依据,如实反映财务状况、经营成果,做到内容真实、数字准确、资料可靠。这一原则是对会计工作的基本要求。

可靠性原则包括两个方面的内容。一是会计必须根据审核无误的原始凭证,采用特定的专门方法进行记账、算账、报账,保证所提供的会计信息内容完整、真实可靠。如果会计核算不是以实际发生的交易或事项为依据,为使用者提供虚假的会计信息,会误导信息使用者,使之做出错误的决策。二是会计人员在进行会计处理时应保持客观,运用正确的会计原则和方法,得出具有可检验性的会计信息。如果会计人员进行会计处理时不客观,同样不能为会计信息使用者提供真实的会计信息,也会导致信息使用者做出错误决策。

2. 相关性原则

相关性原则是指企业所提供的会计信息应与财务会计报告使用者的经济决策相关,有助于财务会计报告使用者对企业过去、现在或者未来的情况做出评价或预测。这里所说的相关,是指与决策相关,有助于决策。如果会计信息提供后,不能帮助会计信息使用者进行经济决策,就不具有相关性,因此,会计工作就不能完成会计所需达到的会计目标。

根据相关性原则,要求在收集、记录、处理和提供会计信息过程中能充分考虑各方面会计信息使用者决策的需要,满足各方面具有共性的信息需求。对于特定用途的信息,不一定都通过财务报告来提供,而可以采取其他形式加以提供。

3. 明晰性原则

明晰性原则是指企业提供的会计信息应当清晰明了,便于财务会计报告使用者理解和使用。明晰性原则要求会计信息简明、易懂,能够简单明了地反映企业的财务状况、经营成果和现金流量,从而有助于会计信息使用者正确理解、掌握企业的情况。

根据明晰性原则,会计记录应当准确、清晰,填制会计凭证、登记会计账簿必须做到依据合法、账户对应关系清楚、文字摘要完整;在编制会计报表时,项目钩稽关系清楚、项目完整、数字准确。

4. 可比性原则

可比性原则是指企业提供的会计信息应当具有可比性。这包括以下两个方面的质量要求。

(1) 信息的横向可比,即企业之间的会计信息口径一致,相互可比。企业可能处于不同行业、不同地区,经济业务发生不同地点,为了保证会计信息能够满足经济决策的需要,便于比较不同企业的财务状况和经营成果,不同企业发生相同的或者相似的交易或事项,应当采用国家统一规定的相关会计方法和程序。

(2) 信息的纵向可比,即同一企业不同时期发生的相同或相似的交易或事项,应当采用一致的会计政策,不得随意改变,便于对不同时期的各项指标进行纵向比较。在此准则要求下,企业不得随意改变目前所使用的会计方法和程序。一旦做出变更,也要在会计报告附注中做出说明。如,存货的实际成本计算方法有先进先出法、加权平均法等。如果确有必要变更,应当将变更情况、变更原因及其对企业财务状况和经营成果的影响在财务会计报告附注中说明。

5. 实质重于形式原则

实质重于形式原则是指企业应当按照以交易或事项的经济实质进行会计确认、计量和报告,而不应仅以交易或事项的法律形式作为依据。这里所讲的形式是指法律形式,实质是指经济实质。有时,经济业务的外在法律形式并不能真实反映其实质内容。为了真实反映企业的财务状况和经营成果,就不能仅仅根据经济业务的外在表现形式来进行核算,而要反映其经济实质。比如,法律可能写明商品的所有权已经转移给买方,但事实上卖方仍享有该资产的未来经济利益。如果不考虑经济实质,仅看其法律形式,就不能真实反映这笔业务对企业的影响。

6. 重要性原则

重要性原则是指企业提供的会计信息应当反映与企业财务状况、经营成果和现金流量等有关的所有重要交易或事项。在此原则下,企业在选择会计方法和程序时,要考虑经济业务本身的性质和规模,根据特定的经济业务决策影响的大小,来选择合适的会计方法和程序。如果一笔经济业务的性质比较特殊,不单独反映就有可能遗漏一个重要事实,不利于所有者以及其他方面全面掌握这个企业的情况,就应当严格核算,单独反映,提请注意;反之,如果一笔经济业务与通常发生的经济业务没有特殊之处,不单独反映,也不至于隐瞒什么事实,就不需要单独反映和提示。如果一笔经济业务的金额在收入、费用或资产总额中所占的比重很小,就可以采用较为简单的方法和程序进行核算,甚至不一定严格采用规定的会计方法和程序;反之,如果金额在收入、费用或资产总额中所占的比重较大,就应当严格按照规定的会计方法和程序进行。

重要性原则与会计信息成本效益直接相关。坚持重要性原则,就能够使提供会计信息的收益大于成本。对于那些不重要的项目,如果也采用严格的会计程序,分别核算,分项反映,就会导致会计信息成本高于收益。

在评价某些项目重要性时,很大程度上取决于会计人员的职业判断。一般来说,应当从质和量两个方面来进行分析。从性质方面来说,当某一事项有可能对决策产生一定影响时,就属于重要项目;从数量方面来说,当某一项目的数量达到一定规模时,就可能对决策产生影响。

7. 谨慎性原则

谨慎性原则又称稳健性原则,是指企业对交易或事项进行确认、计量和报告应当保持应有的谨慎,即在存在不确定因素的情况下做出判断时,不应高估资产或者收益、低估负债或者费用。对于可能发生的损失和费用,应当加以合理估计。企业经营存在风险,实施谨慎性原则,对存在的风险加以合理估计,就能在风险实际发生之前化解风险,并防范风险,有利于企业做出正确的经营决策,有利于保护所有者和债权人的利益,有利于提高企业在市场上的竞争力。比如,在存货、有价证券等资产的市价低于成本时,相应地减记资产的账面价值,并将减记金额计入当期损益,体现了谨慎性原则,体现了谨慎性原则对历史成本原则的修正。当然,谨慎性原则并不意味着可以任意提取各种准备,否则,就属于谨慎性原则的滥用。

8. 及时性原则

及时性原则又称为时效性原则,是指企业对于已经发生的交易或事项,应当及时进行会计确认、计量和报告,不得提前或延后。会计信息具有时效性,才能满足经济决策的及时需要,信息才有价值,所以为了实现会计目标,就必须遵循会计信息时效性原则。

根据及时性原则,要求及时收集会计数据,在经济业务发生后,应及时取得有关凭证;对会计数据及时进行处理,及时编制财务报告;将会计信息及时传递,按规定的时限提供给有关方面。

二、会计处理基础

会计处理基础,亦称会计核算基础、会计记账基础,是指确定一个会计期间的收入与费用,从而确定损益的标准,是会计确认的时间基础。会计处理基础有权责发生制和收付实现制两种。

1. 权责发生制

权责发生制亦称应收应付制,也叫应计制,按照权利和义务是否发生来确定本期收入和费用的归属期。具体来说,凡属于本期实现的收入或应负担的费用,不论款项是否实际收付,都应当作为本期的收入或费用入账;凡不属于本期的收入或费用,即使款项已经在本期收到或付出,都不能作为本期的收入或费用。

2．收付实现制

收付实现制亦称现收现付制，也叫现金制，是以款项实际收到或付出作为确认本期收入或费用的标准。凡是本期实际收到款项的收入和付出款项的费用，不论其是否归属于本期，都应作为本期的收入和费用处理；凡本期没有实际收到款项的收入和付出款项的费用，即使应归属于本期，也不作为本期的收入和费用处理。

我国《企业会计准则——基本准则》规定：企业应当以权责发生制为基础进行会计确认、计量和报告。目前，我国的行政单位会计主要采用收付实现制，事业单位会计除经营业务可以采用权责发生制以外，其他大部分业务采用收付实现制。

工作任务 5　会计核算的方法

会计方法是指用何种手段去实现会计的任务，完成会计核算和监督的职能。会计的方法包括会计核算、会计分析、会计考核、会计预测和会计决策等方法。其中，会计核算方法是最基本、最主要的方法。本节只介绍会计核算的方法，它是初学者学习会计必须掌握的基础知识。

会计核算方法，是对会计对象进行连续、系统、全面的核算和监督所应用的方法，主要包括七种专门方法：设置会计科目及账户、复式记账、填制和审核凭证、登记账簿、成本计算、财产清查、编制会计报表。这七种方法相互联系，共同组成会计核算的方法体系。

一、设置会计科目及账户

设置会计科目及账户，是对会计对象具体内容进行的分类反映和监督方法。会计对象包含的内容纷繁复杂，设置会计科目及账户就是根据会计对象具体内容的不同特点和经济管理的不同要求，选择一定的标准进行分类，并事先规定分类核算项目，在账簿中开设相应的账户，以取得所需要的核算指标。正确、科学地设置会计科目及账户，细化会计对象，提供会计核算的具体内容，是满足经营管理需要、完成会计核算任务的基础。

二、复式记账

复式记账是指对每一项经济业务都要在两个或两个以上的相互联系的账户中进行登记的一种方法。复式记账一方面能全面地、系统地反映经济业务引起资金运动增减变化的来龙去脉；另一方面通过账户之间的一种平衡关系，检查会计记录的正确性。例如，用银行存款6 000元购买材料，采用复式记账法就要同时在"原材料"账户和"银行存款"账户分别反映原材料增加了6 000元，银行存款减少了6 000元，这样就能在账户中全面核算并监督会计对象了。

三、填制和审核会计凭证

各单位发生的任何会计事项都必须取得原始凭证，证明其经济业务的发生或完成。原始凭证要送交会计进行审核，审核其填制内容是否完备、手续是否齐全、业务的发生是否合理合法等，经审核无误后，才能编制记账凭证。记账凭证是记账的依据，原始凭证和记账凭证统称为会计凭证。审核和填制会计凭证是会计核算的一种专门方法，它能保证会计记录的完整、可靠，提高会计核算质量。

四、登记账簿

账簿是具有一定格式，用来记账的簿籍。登记账簿就是根据会计凭证，采用复式记账法，把经济业务分门别类、内容连续地在有关账簿中进行登记的方法。借助于账簿，就能将分散的经济业务进行分类汇总，系统地提供每一类经济活动的完整资料，了解一类或全部经济活动发展变化的全过程，更加适应经济管理的需要。账簿记录的各种数据资料，也是编制财务报表的重要依据。所以，登记账簿是会计核算的主要方法。

五、成本计算

成本计算是按照一定对象归集和分配生产经营过程中发生的各种费用，以便确定各该对象的总成本和单位成本的一种专门方法。例如工业企业要计算生产产品的成本，就要把企业进行生产活动所耗用的材料、支付的工资及发生的其他费用加以归集，并计算产品的总成本和单位成本。产品成本是综合反映企业生产经营活动的一项重要指标。正确地进行成本计算，可以考核生产经营过程的费用支出水平，同时又是确定企业盈亏和制定产品价格的基础，能为企业进行经营决策提供重要数据。

六、财产清查

财产清查就是通过对各项财产物质、货币资金进行实物盘点，对往来款项进行核对，以查明实存数同账存数是否相符的一种专门方法。在财产清查中发现有财产、资金账面数额与实存数额不符的情况，应该及时调整账簿记录，使账存数与实存数一致，并查明账实不符的原因，明确责任。通过财产清查，可以查明各项财产物资、债权债务、所有者权益的情况，可以促进企业加强物资管理，保证财产的完整，并能为编制会计报表提供真实、准确的资料。

七、编制会计报表

编制会计报表是根据账簿记录的数据资料，采用一定的表格形式，概括、综合地反映各单位在一定时期内经济活动过程和结果的一种方法。编制会计报表是对日常核算工作的总结，是在账簿记录基础上对会计核算资料的进一步加工整理。会计报表提供的资料是进行会计分析、会计检查的重要依据。

从填制和审核会计凭证到登记账簿，再到编制会计报表，一个会计周期（一般指一个月）的会计核算工作即告结束，然后按照上述程序进入新的会计期间，如此循环往复、持续不断地进行下去，这个过程也称为会计循环。

以上会计核算的七种方法是相互联系、密切配合的，构成了一个完整的核算方法体系。这些方法相互配合运用的程序是：

（1）经济业务发生后，取得和填制会计凭证；

（2）按会计科目对经济业务进行分类核算，并运用复式记账法在有关会计账簿中进行登记；

（3）期末对生产经营过程中发生的费用进行成本核算；

（4）对账簿记录通过财产清查加以核实，保证账实相符；

（5）期末，根据账簿记录资料和其他资料，进行必要的加工计算，编制会计报表。

这七种会计核算方法之间的联系如图 1-2 所示。

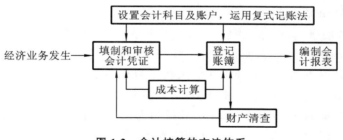

图 1-2　会计核算的方法体系

工作任务 6　会计工作的组织

一、会计机构

《中华人民共和国会计法》规定:"各单位应当根据会计业务的需要,设置会计机构,或者在有关机构中设置会计人员并指定会计主管人员;不具备设置条件的,应当委托经批准设立从事会计代理记账业务的中介机构代理记账。"根据业务的需要设置会计机构,体现了实事求是的精神。既不能在业务很少的情况下设置不必要的机构,也不能在业务繁多的情况下不设置相应的机构。

1. 设置会计机构

规模较大、经济业务较多、财务收支量较大的单位,应独立设置会计机构,以保证会计工作的效率和会计信息的质量。一般来说,大中型企业和具有一定规模的行政事业单位及其他经济组织,都应当独立设置会计机构,以便及时进行单位各项经济活动和财务收支的核算,实行有效的会计监督。

2. 在有关机构中配备会计人员并指定会计主管人员

对于不具备单独设置会计机构条件的单位,如财务收支数额不大、经济业务比较简单、规模很小的企业、事业、机关、团体单位和个体工商户等,可在单位内部与财务会计工作比较接近的有关机构或综合部门(如计划、统计、办公室等部门)配备专职会计人员,并指定对财务会计工作负责的会计主管人员。

3. 实行代理记账

对于那些不具备设置会计机构、配备会计人员的小型经济组织,为了解决它们的记账、算账、报账的问题,可以实行代理记账。委托经批准设立的、从事会计咨询服务的社会中介机构(如会计师事务所)或者持有代理记账许可证书的其他代理记账机构代理记账。为了规范代理记账业务,财政部于 2005 年 3 月 1 日实施了新的《代理记账管理办法》,对代理记账的条件、代理记账的业务范围、代理记账的基本程序、委托双方的责任和义务、代理记账人员的规范等做了具体规定。

二、会计人员

1. 会计人员的概念和范围

会计人员,是指根据《会计法》的规定,在国家机关、社会团体、企业、事业单位和其他组织(以下统称单位)中从事会计核算、实行会计监督等会计工作的人员。

会计人员包括从事下列具体会计工作的人员:①出纳;②稽核;③资产、负债和所有者权益(净资产)的核算;④收入、费用(支出)的核算;⑤财务成果(政府预算执行结果)的核算;⑥财务会计报告(决算报告)编制;⑦会计监督;⑧会计机构内会计档案管理;⑨其他会计工作。担任单位会计机构负责人(会计主管人员)、总会计师的人员,属于会计人员。

2. 对会计人员的一般要求

会计人员从事会计工作,应当符合下列要求:①遵守《会计法》和国家统一的会计制度等法律法规;②具备良好的职业道德;③按照国家有关规定参加继续教育;④具备从事会计工作所需要的专业能力。

会计人员具有会计类专业知识,基本掌握会计基础知识和业务技能,能够独立处理基本会计业务,表明具备从事会计工作所需要的专业能力。

会计机构负责人或会计主管人员,是在一个单位内具体负责会计工作的中层领导人员。担任单位会计机构负责人(会计主管人员)的,应当具备会计师以上专业技术职务资格或者从事会计工作3年以上经历。

3. 会计工作的禁入规定

因有提供虚假财务会计报告,做假账,隐匿或者故意销毁会计凭证、会计账簿、财务会计报告,贪污,挪用公款,职务侵占等与会计职务有关的违法行为被依法追究刑事责任的人员,不得再从事会计工作。

因伪造、变造会计凭证、会计账簿,编制虚假财务会计报告,隐匿或者故意销毁依法应当保存的会计凭证、会计账簿、财务会计报告,尚不构成犯罪的,5年内不得从事会计工作。

会计人员具有违反国家统一的会计制度的一般违法行为,情节严重的,5年内不得从事会计工作。

三、会计专业技术资格

会计工作具有很强的专业技术,要求会计人员必须具备必要的专业知识和专业技能。从目前来讲,考核和确认会计人员的专业知识和专业技能,主要是通过设置会计专业职务和会计专业技术资格考试来进行的。

1. 会计专业职务的种类

会计专业职务由各单位根据会计工作的需要,根据规定和批准来设置。会计人员职称层级分为初级、中级、副高级和正高级。初级职称只设助理级,高级职称分设副高级和正高级,形成初级、中级、高级层次清晰、相互衔接、体系完整的会计人员职称评价体系。初级、中级、副高级和正高级职称名称依次为助理会计师、会计师、高级会计师和正高级会计师。

2. 会计专业技术资格考试

会计专业技术资格,是指担任会计专业职务的任职资格,简称会计资格。

会计专业技术资格分为初级资格、中级资格和高级资格三个级别,分别对应初级、中级、副高级会计职称(会计专业职务)的任职资格。目前,初级、中级资格实行全国统一考试制度,高级会计师资格实行考试与评审相结合制度。初级资格考试科目为初级会计实务和经济法基础;中级资格考试科目包括中级会计实务、财务管理和经济法。

通过全国统一考试取得初级或中级会计专业技术资格的会计人员,表明其已具备担任相应级别会计专业技术职务的任职资格。用人单位可根据工作需要和德才兼备的原则,从获得会计专业技术资格的会计人员中择优聘任。

实践证明,实行会计专业技术职务制度,对提高会计人员专业知识、专业技能、专业水平具有巨大的促进作用。

一、单项选择题

1. 根据历史记载,我国"会计"一词起源于三千多年前的(　　)。
   A. 西周　　　　　　　　　　　B. 原始社会
   C. 商朝　　　　　　　　　　　D. 夏
2. 会计的本质是(　　)。
   A. 一种经济管理手段　　　　　B. 一种货币资金管理工作
   C. 一种经济管理工作　　　　　D. 一种技术工作
3. (　　)是指会计核算和监督的内容。
   A. 会计职能　　B. 会计本质　　C. 会计对象　　D. 会计方法
4. 会计对象就是社会再生产过程中的(　　)。
   A. 实物运动　　　　　　　　　B. 资产
   C. 财务收支　　　　　　　　　D. 资金运动
5. 会计方法体系中最基本的方法是(　　)。
   A. 会计分析方法　　　　　　　B. 会计检查方法
   C. 会计核算方法　　　　　　　D. 会计监督方法
6. 工业企业经营资金循环过程是(　　)。
   A. 储备资金→货币资金→商品资金→生产资金→储备资金
   B. 生产资金→储备资金→商品资金→货币资金→生产资金
   C. 商品资金→储备资金→生产资金→货币资金→商品资金
   D. 货币资金→储备资金→生产资金→商品资金→货币资金
7. 下列各项中,不属于工业企业资金的循环和周转阶段的是(　　)。
   A. 供应过程　　B. 生产过程　　C. 销售过程　　D. 分配过程
8. 确定会计核算的空间范围的是(　　)。
   A. 会计分期　　B. 会计监督　　C. 会计主体　　D. 持续经营
9. 企业对交易或事项进行会计确认、计量和报告不应高估资产或者收益、低估负债或者费用,这种观点是(　　)。
   A. 可比性要求　　B. 重要性要求　　C. 谨慎性要求　　D. 及时性要求

二、多项选择题

1. 下列有关会计的说法,正确的有(　　)。
   A. 以货币为主要计量单位　　　　　　B. 本质上是一种经济管理工作
   C. 所进行的管理是一种价值形式的管理　D. 具有全面性、连续性和系统性
2. 会计主体可以是(　　)。
   A. 自然人　　　　　　　　　　　　　B. 不具备"法人"资格的实体
   C. 不进行独立核算的企业　　　　　　D. 几个企业组成的企业集团
3. 下列项目中,属于会计核算方法的有(　　)。
   A. 复式记账　　　　　　　　　　　　B. 财产清查
   C. 填制和审核会计凭证　　　　　　　D. 成本计算
4. 会计核算方法体系中,(　　)构成会计循环的三大环节。
   A. 设置会计账户　　　　　　　　　　B. 填制和审核会计凭证
   C. 登记会计账簿　　　　　　　　　　D. 编制会计报表
5. 以下关于会计职能的说法,正确的是(　　)。
   A. 核算和监督是会计的基本职能
   B. 会计的核算和监督职能是相辅相成、不可分割的
   C. 核算职能是会计最基本的职能
   D. 会计核算是会计监督的前提
6. 会计核算的基本前提有(　　)。
   A. 会计主体　　　B. 持续经营　　　C. 会计分期　　　D. 货币计量
7. 我国的会计期间分为(　　)。
   A. 年度　　　　　B. 半年度　　　　C. 季度　　　　　D. 月度
8. 企业资金运动的表现为(　　)等过程。
   A. 资金投入　　　B. 资金运用　　　C. 资金退出　　　D. 资金周转

三、判断题

1. 会计是伴随着人类的出现而产生的。　　　　　　　　　　　　　　　　(　　)
2. 会计的对象是社会再生产过程中的资金运动。　　　　　　　　　　　　(　　)
3. 会计以货币作为唯一计量单位。　　　　　　　　　　　　　　　　　　(　　)
4. 会计的基本职能是核算。　　　　　　　　　　　　　　　　　　　　　(　　)
5. 企业集团不是一个独立的法人,但也可以作为一个会计主体。　　　　　(　　)
6. 会计主体与法律主体不完全对等,法律主体可作为会计主体,但会计主体不一定是法律主体。　　　　　　　　　　　　　　　　　　　　　　　　　　　　　　　(　　)
7. 会计核算以人民币为记账本位币。业务收支以外币为主的企业,也可以选择某种外币作为记账本位币,但编制的财务会计报告应当折合为人民币。　　　　　(　　)
8. 会计核算的基本前提包括会计主体、资料完整、经济效益和货币计量。　(　　)
9. 企业是投资人出资创办的,主要风险由出资人承担,因此,企业清算时,应首先退还投资人的投入资本。　　　　　　　　　　　　　　　　　　　　　　　　　(　　)
10. 随着经济的发展和会计活动范围及内容的不断扩大,会计的职能也在不断改变。
    　　　　　　　　　　　　　　　　　　　　　　　　　　　　　　　　(　　)

模块 2 会计等式

会计等式,又称会计方程式或会计平衡公式,是对会计要素的性质及相互之间的内在经济关系所做的概括和科学的表达,是正确地设置账户、复式记账和编制财务报表的理论依据。

一、资产、负债及所有者权益的关系

任何企业为了实现其经营目标,都必须拥有或控制一定量的资产。企业的资产有两个来源:一部分来源于债权人,形成债权人权益;一部分是所有者提供的,形成所有者权益。两者合称为权益。

资产与权益相互依存。从任何一个时点来观察,一个企业的资产总额与权益总额必然相等。资产与权益之间的这种平衡关系可用公式表示为:

$$资产 = 权益$$
$$资产 = 负债 + 所有者权益 \qquad (等式1)$$

该等式为静态会计等式(又称会计平衡等式),是反映企业在某一特定日期财务状况的基本会计等式。

二、收入、费用与利润的关系

资金运动在动态情况下,其循环周转过程中发生的收入、费用和利润也存在着平衡关系,其平衡公式如下:

$$收入 - 费用 = 利润 \qquad (等式2)$$

该等式为动态会计等式,是反映企业经营成果的会计等式。若利润为正,则企业盈利;若利润为负,则企业亏损。

三、综合会计等式

企业在经营过程中,取得收入会引起所有者权益增加,发生费用会引起所有者权益减少,在两者的共同作用下会引起所有者权益发生变动。

$$资产 = 负债 + [所有者权益 + (收入 - 费用)]$$
$$资产 + 费用 = 负债 + 所有者权益 + 收入 \qquad (等式3)$$

该等式为动静结合的会计等式,称为综合会计等式,是对六项会计要素之间的内在经济关系所做的全面、综合表达。这个等式表明,企业在生产经营过程中的增值情况,只在会计期间内而不在会计期末存在。利润在分配前是归企业的。利润一部分向投资者分配,另一部分则作为盈余公积或未分配利润留在企业(即留存收益),最后并入所有者权益。该会计等式在利润分配后又恢复到"资产 = 负债 + 所有者权益"。

四、经济业务对会计等式的影响

企业在生产经营过程中每天都会发生大量的经济业务,这些经济业务的发生必然会引起会计要素发生增减变化,但不会破坏会计等式的平衡关系。举例说明如下。

东方化工厂20××年12月31日拥有640万元资产,其中现金0.4万元,银行存款57.6万元,应收账款582万元。该工厂银行借款100万元,应付账款400万元,接受投资形成实收资本140万元。可用表1-1反映资产、负债、所有者权益间的平衡关系:

表1-1 资产、负债、所有者权益间的平衡关系　　　单位:万元

资　　产		负债及所有者权益	
现金	0.4	银行借款	100
银行存款	57.6	应付账款	400
应收账款	582	实收资本	140
合计	640	合计	640

上例中,资产(640万元)=负债(500万元)+所有者权益(140万元),反映了某一时点上企业会计要素之间的平衡关系,这是一种静态关系。

当企业在继续经营时,发生的经济业务会引起各个会计要素额的增减变化,这些变化总不外乎以下四种类型(具体可以划分为九类)。

(1) 资金进入企业:资产和权益等额增加,即资产增加的同时,负债或所有者权益等额增加。

【例1-1】 东方化工厂20××年1月2日从银行取得贷款800万元,现已办妥手续,款项已划入本企业存款账户。这项经济业务对会计等式的影响为:资产(银行存款)与负债(银行借款)的同时增加。

资产(640万元+800万元)=负债(500万元+800万元)+所有者权益(140万元)

资产(1 440万元)=负债(1 300万元)+所有者权益(140万元)

可以看出,会计等式左、右两边等额增加800万元,等式的平衡性没有破坏。

(2) 资金退出企业:资产和权益等额减少,即资产减少的同时,负债或所有者权益等额减少。

【例1-2】 东方化工厂20××年1月10日支付上年未还的应付货款,已从企业账户中开出转账支票300万元。该经济业务对会计等式的影响为:资产(银行存款)与负债(应付账款)的同时减少。

资产(1 440万元-300万元)=负债(1 300万元-300万元)+所有者权益(140万元)

资产(1 140万元)=负债(1 000万元)+所有者权益(140万元)

可以看出,会计等式左、右两边等额减少300万元,等式的平衡性没有破坏。

(3) 资产形态变化:资产内部的一增一减,即一种资产项目增加的同时,另一种资产项目等额减少。

【例1-3】 东方化工厂20××年1月15日开出现金支票2万元,以备日常开支使用。该项经济业务对会计等式的影响为:资产(银行存款)的减少与资产(现金)的增加。

资产(1 140万元-2万元+2万元)=负债(1 000万元)+所有者权益(140万元)

资产(1 140万元)=负债(1 000万元)+所有者权益(140万元)

可以看出,会计等式左边一增(2万元)一减(2万元),等式的平衡性没有破坏。

（4）权益类别转化：一种权益项目增加的同时，另一种权益项目等额减少，即负债内部项目之间或所有者权益内部项目之间或负债与所有者权益项目之间的此增彼减。

【例 1-4】 东方化工厂20××年1月20日应付给三洋公司的应付账款100万元，经协商同意转作三洋公司对东方化工厂的投资款。该项经济业务对会计等式的影响为：负债（应付账款）的减少与所有者权益（实收资本）的增加。

资产（1 140万元）＝负债（1 000万元－100万元）＋所有者权益（140万元＋100万元）
资产（1 140万元）＝负债（900万元）＋所有者权益（240万元）

可以看出，等式右边负债减少100万元，所有者权益增加100万元，总额没有变化，等式的平衡性没有破坏。

经过上述变化后的资产负债如表1-2所示。

表 1-2　变化后的资产负债　　　　　　　　　　　　　单位：万元

资　　产		负债及所有者权益	
现金	0.4＋2＝2.4	银行借款	100＋800＝900
银行存款	57.6＋800－300－2＝555.6	应付账款	400－300－100＝0
应收账款	582	实收资本	140＋100＝240
合计	1 140	合计	1 140

由此可见，企业经济活动的发生，无论引起资产与负债、所有者权益怎样的变化，都不会破坏资产与负债、所有者权益之间的平衡关系。

一、单项选择题

1．企业以银行存款购入30万元设备，这项业务发生后（　　）。
　　A．资产总额与权益总额同增　　　　B．资产总额与权益总额均不变
　　C．资产总额与权益总额同减　　　　D．资产总额减少，权益总额增加

2．某企业资产总额为100万元，负债为20万元，在将10万元负债转作投入资本后，资产总额为（　　）。
　　A．100万元　　B．130万元　　C．80万元　　D．90万元

3．企业向银行借款50万元，直接用于偿还前欠外单位货款，这项业务引起本企业（　　）。
　　A．资产增加50万元　　　　　　　B．负债增加50万元
　　C．资产与负债同时增加50万元　　D．负债总额保持不变

4．下列经济业务，引起资产和负债同时增加的是（　　）。
　　A．用银行存款购买材料一批　　　B．向银行借款存入银行存款户
　　C．用闲置房屋向外单位投资　　　D．用银行存款偿还应付账款

5．下列项目中，引起资产和负债同时减少的经济业务是（　　）。
　　A．以银行存款偿还前欠外单位货款　B．购买一批材料，货款尚未支付
　　C．收到投资者投入的资本，存入银行　D．向银行借入长期借款，偿还应付账款

6. 某大型企业资产总额为 5 000 万元,负债为 1 000 万元,以银行存款 500 万元偿还借款,并以银行存款 500 万元购买固定资产后,该企业资产总额为(　　)万元。
   A. 4 000　　　　B. 3 000　　　　C. 4 500　　　　D. 2 000
7. 某企业接受追加投资 180 万元,款已到并存入银行,该项业务使得企业(　　)。
   A. 资产增加 180 万元,同时负债增加 180 万元
   B. 资产增加 180 万元,同时所有者权益增加 180 万元
   C. 所有者权益增加 180 万元,同时负债增加 180 万元
   D. 所有者权益增加 180 万元,同时负债减少 180 万元
8. 某企业负债总额为 100 万元,所有者权益为 50 万元,在接受 60 万元的投资后,资产总额为(　　)。
   A. 210 万元　　　B. 110 万元　　　C. 150 万元　　　D. 90 万元
9. 某企业资产月初总额是 120 万元,本月发生 4 笔经济业务:
   (1)向银行借入 10 万元,存入银行存款户;
   (2)购进原材料 1 万元,以银行存款支付;
   (3)收回应收账款 3 万元,存入银行;
   (4)用银行存款偿还应付账款 40 000 元。
   该企业资产总额月末为(　　)。
   A. 128 万元　　　B. 130 万元　　　C. 126 万元　　　D. 132 万元
10. 某企业资产总额为 100 万元,负债为 20 万元,现在以银行存款 30 万元购进材料,并以存款 10 万元偿还借款,从银行提取现金 2 万元,资产总额为(　　)。
    A. 60 万元　　　B. 90 万元　　　C. 50 万元　　　D. 40 万元
11. 企业接受捐赠物资一批,将引起(　　)。
    A. 资产一增一减　　　　　　　　B. 资产和负债同时增加
    C. 资产和所有者权益同时增加　　D. 资产和所有者权益一增一减
12. 某企业月初资产合计为 90 000 元,负债为 72 000 元,则权益为(　　)。
    A. 72 000 元　　B. 16 200 元　　C. 90 000 元　　D. 18 000 元
13. 企业以盈余公积 200 万元转作实收资本,这项业务发生后(　　)。
    A. 资产减少 200 万元,所有者权益增加 200 万元
    B. 负债减少 200 万元,所有者权益增加 200 万元
    C. 资产增加 200 万元,所有者权益增加 200 万元
    D. 与资产、负债无关,所有者权益总额保持不变

二、多项选择题
1. 期间费用包括(　　)。
   A. 销售费用　　B. 财务费用　　C. 管理费用　　D. 制造费用
2. 债权是企业收取款项的权利,一般包括各种(　　)等。
   A. 预付款项　　B. 预收款项　　C. 应付款项　　D. 应收款项
3. 收到投资者投入资金 50 万元,款项存入银行。这项业务引起(　　)的金额发生增减变化。
   A. 资产　　　　B. 负债　　　　C. 所有者权益　　D. 收入

4. 下列经济业务中,引起资产和权益总额增加的有(　　)。
   A. 以银行存款10万元偿还短期借款　　B. 投资者甲投入货币资金50万元
   C. 从银行提取现金2 000元　　　　　D. 向银行借款30万元,存入银行

5. 企业向银行借款10万元,存入银行。这项业务引起(　　)。
   A. 资产增加　　B. 负债增加　　C. 所有者权益增加　　D. 收入增加

6. 下列经济业务中,仅引起资产项目一增一减的有(　　)。
   A. 收到某单位还来欠款10万元存入银行
   B. 以现金10万元支付职工工资
   C. 以银行存款20 000元购入一批原材料
   D. 将现金5 000元存入银行

7. 企业购进材料需20万元,以银行存款支付10万元,其余10万元暂欠。这项业务引起(　　)。
   A. 资产增加20万元　　　　　　　　B. 负债增加10万元
   C. 资产增加10万元　　　　　　　　D. 负债增加20万元

8. 下列经济业务中,仅引起所有者权益项目一增一减的有(　　)。
   A. 收到其他企业捐赠的设备一台,价值200 000元
   B. 收到投资者通过银行转来投资款500 000元
   C. 经批准,将资本公积300 000元转作实收资本
   D. 按规定从税后利润中提取盈余公积100 000元

9. 下列业务中,引起静态会计等式两边同时发生增减变动的有(　　)。
   A. 将现金存入银行　　　　　　　　B. 从银行取得三年期借款存入企业账户
   C. 购进汽车一辆,货款暂欠　　　　D. 投资者追加投资

项目 2
原始凭证的填制与审核

【知识目标】
(1) 认知原始凭证的概念和作用。
(2) 掌握原始凭证的不同种类。
(3) 理解原始凭证的填制要求及审核要点。

【技能目标】
(1) 能够区分日常生活中经常接触的原始凭证的种类。
(2) 能够准确、完整地填制原始凭证。
(3) 能够掌握各类原始凭证的审核技巧。

导学案例：

某集团公司职员小王将办公用品的购置明细通过电子邮件发往晨光办公用品公司订货。两天后晨光办公用品公司将货物送到。送货人员将销售发票及销售清单交给小王，小王与公司办公用品保管员共同清点后，在晨光办公用品公司的送货清单上签字。保管员填制了入库单，将第二联交给了小王，随后小王到公司财务部办理付款手续。

问题：
(1) 假如你是财务部的会计，在小王办理付款手续时你会向他索取哪些资料？为什么要索取这些资料？
(2) 索取这些资料后你会关注资料中的哪些内容？
(3) 在办理付款手续后，财务部对这些资料将做何处理？

引例分析：

案例中晨光办公用品公司送货人员交给小王的销售发票及销售清单、保管员填制的入库单都是证明这次购买办公用品工作实施的书面材料。销售发票及销售清单中记载了购货单位的名称，购货的时间，具体购买办公用品的名称、数量、单价、金额，供货单位的名称，开票人的姓名等。入库单则反映了对购置的办公用品进行清点和查验的过程。"口说无凭，有据为证。"财务部必须索取并审核这些资料无误后才能办理付款手续。在具体操作中会计人员需要遵循哪些技术规则和法规要求来处理呢？这将是我们这个项目要解决的问题。

模块 1 识别原始凭证

一、会计凭证的概念

为了全面、真实地反映各种经济业务的实际发生情况,有必要在经济业务发生时,填制和取得适当的证明文件。这种证明文件就是会计凭证。会计凭证是会计核算基本环节的起点,只有正确填制和审核会计凭证,才能保证经济业务的合法性和合理性,维护良好的经济秩序,促进经济活动的健康发展,对经济管理工作起到源头控制的作用。

会计凭证简称凭证,是记录经济业务、明确经济责任,具有法律效力的书面证明,是用来登记账簿的依据。例如:购买材料时,由销货方开具发票;材料收到办理入库时,由保管员根据验收的情况填制收料单;生产领用材料时应填制领料单等。上述的发票、收料单、领料单以及会计人员运用专门的方法将上述单据归类、整理后填制的记账凭证都是会计凭证。它们具有专门的格式、详细的内容和严格的填制要求。为了明确经济责任,有关单位及人员必须在填制的会计凭证上签名或盖章,审查合格后的凭证作为记账的依据。

二、会计凭证的分类

会计凭证按其填制程序和用途不同,分为原始凭证和记账凭证两大类。

1. 原始凭证

原始凭证主要发挥会计凭证记录经济业务、明确经济责任的作用。如发票、运费收据、材料入库单等,均为原始凭证。常用的原始凭证还有借款单、支票存根、银行进账单、银行信汇凭证等。

2. 记账凭证

记账凭证主要发挥会计凭证作为记账依据的作用。如因采购原材料由财会部门填制的付款凭证即为记账凭证。常用的记账凭证有收款凭证、付款凭证、转账凭证和通用记账凭证。

三、原始凭证的概念

原始凭证又称单据,是在经济业务发生或完成时取得或填制的,用以记录或证明经济业务的发生或完成情况的文字凭据。它不仅能用来记录经济业务发生或完成情况,还可以明确经济责任,是进行会计核算工作的原始资料和重要依据,是会计资料中最具有法律效力的一种文件,如购货发票、收料单等,如图2-1所示。

> **提示:** 发票左上角有10位代码编码规则:前面四位是行政区代码,第五、六位是指发票制版年度,第七位是指发票批次,第八位是代表版本的语言文字(分别用1、2、3、4代表中文、中英文、藏汉文、维汉文),第九位代表发票的联次,第10位是指发票的金额版本号(手写发票分别用1、2、3、4代表万元版、十万元版、百万元版、千万元版,用"0"表示电脑版发票),电脑版发票的限额,一般由主管税务机关根据纳税人的申请核定。

图 2-1 增值税发票

提示：原始凭证的主要作用在于准确、及时、完整地反映经济业务的历史面貌，并可据以检查有关业务的真实性、合法性和合理性。

注意：凡是不能证明经济业务已经发生或完成的各种单证、文件，如工作令号、融资协议、购销合同、购料申请单、费用预算、派工单、银行对账单等，都不属于原始凭证，不能作为记账的原始依据。

四、原始凭证的分类

（一）按来源分

原始凭证按其来源不同分为外来原始凭证和自制原始凭证。

1. 外来原始凭证

外来原始凭证是指在经济业务完成时，从其他单位或个人直接取得的凭证。外来原始凭证包括供应单位开出的增值税专用发票或销货发票、收款单位开出的各类收据、银行转来的收款或付款通知，以及其他各种结算凭证、出差人员取得的各种票据及运输发票等。其中，运输业统一发票的格式及内容如图 2-2 所示。

2. 自制原始凭证

自制原始凭证是指由本单位内部经办业务的部门和人员在执行或完成某项经济业务时，根据经济业务的内容自行填制的、仅供本单位内部使用的原始凭证。自制原始凭证包括常见的领料单、收料单、产品入库单、工资结算单等。其中，收料单和领料单格式及内容分别如图 2-3、图 2-4 所示。

（二）按填制方法和手续分

原始凭证按其填制方法和手续的不同分为一次原始凭证、累计原始凭证和汇总原始凭证。

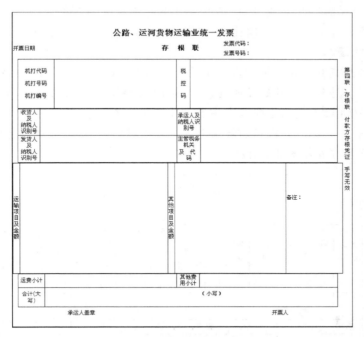

图 2-2　外来原始凭证

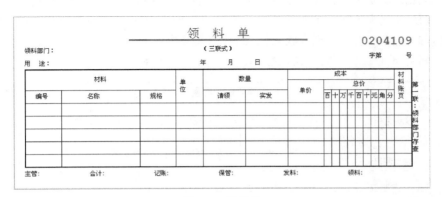

图 2-3　收料单

图 2-4　领料单

1. 一次原始凭证

一次原始凭证是指一次填制完成、只记录一笔经济业务的原始凭证。一次原始凭证是一次有效的凭证，其填制手续一次完成，已填制的凭证不能再重复填制使用。所有的外来原始凭证和大部分的自制原始凭证都属于一次凭证，如发票、银行结算凭证、借款单、收料单、领料单等。

2. 累计原始凭证

累计原始凭证是指在一定时期内多次记录若干同类经济业务，填制手续是分次完成的原始凭证。累计原始凭证是多次有效的原始凭证，能随时结出累计数及结余数，并按照费用限额进行费用控制，期末按实际发生额记账。它主要适用于一些经常重复发生的经济业务，如工业企业使用的限额领料单，它可以在核定的限额内多次领用材料，并可以多次记载有关的业务内容。限额领料单的格式及内容如图 2-5 所示。

限额领料单 1 （领料部门）

领料部门： 编 号：

用 途： 年 月 日 发料仓库：

材料编号	材料名称规格	计量单位	计划投产量	单位消耗定额	领用限额	实发																	
						数量	单价								金额								
							百	十	万	百	十	元	角	分	千	百	十	万	百	十	元	角	分

日期	领用			退料			限额结余数量
	数量	领料人	发料人	数量	退料人	收料人	
合计							

生产计划部门负责人： 供应部门负责人： 仓库保管员：

图 2-5 限额领料单

3. 汇总原始凭证

汇总原始凭证又称原始凭证汇总表，它是将记载同类经济业务的原始凭证按一定标准定期汇总而另行编制的一种自制原始凭证。由于汇总原始凭证合并了同类型经济业务，因而简化了记账工作量，如“工资汇总表”“现金收入汇总表”以及根据领料单定期编制的“发料凭证汇总表”等。其中，发料凭证汇总表的格式及内容如图 2-6 所示。

发料凭证汇总表

附件：__张

凭证编号： 汇总期间： 年 月 日— 日 单位：元

借方科目 贷方科目	生产成本	制造费用	管理费用	合 计
原材料——A				
原材料——B				
……				
合 计				

会计主管： 记账： 审核： 填制：

图 2-6 发料凭证汇总表

一、单项选择题

1. 下列凭证中不能作为原始凭证的是(　　)。
   A. 购销合同　　　　　　　　　　B. 发票
   C. 收料单　　　　　　　　　　　D. 发货单
2. 差旅费报销单属于(　　)。
   A. 记账凭证　　　　　　　　　　B. 自制原始凭证
   C. 外来原始凭证　　　　　　　　D. 通用原始凭证
3. (　　)属于外来原始凭证。
   A. 入库单　　　　　　　　　　　B. 出库单
   C. 银行收账通知单　　　　　　　D. 发出材料汇总表
4. 企业填制的限额领料单属于(　　)。
   A. 一次原始凭证　　　　　　　　B. 累计原始凭证
   C. 原始凭证汇总表　　　　　　　D. 外来原始凭证
5. 收到外单位偿还前欠销货款的支票一张,其原始凭证应为(　　)。
   A. 支票　　　　　　　　　　　　B. 支票存根
   C. 银行进账单回单　　　　　　　D. 发票
6. 一次原始凭证和累计原始凭证的主要区别是(　　)。
   A. 一次原始凭证是记载一笔经济业务的,累计原始凭证是记载多笔经济业务的
   B. 累计原始凭证是自制原始凭证,一次原始凭证是外来原始凭证
   C. 累计原始凭证填制的手续是多次完成的,一次原始凭证填制的手续是一次完成的
   D. 累计原始凭证是汇总凭证,一次原始凭证是单式凭证
7. 原始凭证按其取得来源的不同,可以分为(　　)。
   A. 外来原始凭证和自制原始凭证　B. 单式记账凭证和复式记账凭证
   C. 一次原始凭证和累计原始凭证　D. 收款凭证、付款凭证和转账凭证
8. (　　)是会计工作的起点和关键。
   A. 填制和审核会计凭证　　　　　B. 编制会计分录
   C. 登记会计账簿　　　　　　　　D. 编制财务报表
9. 以下属于汇总原始凭证的有(　　)。
   A. 产品入库单　　　　　　　　　B. 限额领料单
   C. 科目汇总表　　　　　　　　　D. 差旅费报销单
10. 汇总原始凭证与累计原始凭证的主要区别是(　　)。
    A. 填制的手续和方法不同　　　　B. 登记的经济业务内容不同
    C. 会计核算工作的繁简程度不同　D. 填制时期不同

二、多项选择题

1. 下列原始凭证中,属于汇总原始凭证的是(　　)。

A. 限额领料单 B. 差旅费报销单
C. 科目汇总表 D. 工资汇总表
E. 发出材料汇总表

2. 下列属于原始凭证的有( )。
A. 一次原始凭证与累计原始凭证 B. 收料单与发料凭证汇总表
C. 外来原始凭证 D. 购料合同

3. 原始凭证的主要作用在于( )。
A. 记录经济业务 B. 监督经济业务
C. 明确经济责任 D. 作为登账依据

4. 原始凭证按其填制的方法不同,可分为( )。
A. 外来原始凭证 B. 一次原始凭证
C. 原始凭证汇总表 D. 累计原始凭证

5. 甲公司从乙公司购买原材料,可能取得的外来原始凭证有( )。
A. 购买原材料发票 B. 购买原材料的运输费发票
C. 原材料入库单 D. 原材料购销合同

三、判断题

1. 原始凭证是在经济业务发生或完成时取得或编制的。它载明经济业务的具体内容,明确经济责任,是具有法律效力的书面证明。 ( )
2. 外来原始凭证都是一次原始凭证。 ( )
3. 原始凭证都是以实际发生或完成的经济业务为依据而填制的。 ( )
4. 外来原始凭证是由外单位填制的,而自制原始凭证则是由本单位财会人员填制的。 ( )

四、技能实训

判断表 2-1 中原始凭证的类别。(在表中画"√")

表 2-1 判断原始凭证的类别

分类 会计凭证	自制 原始凭证	外来 原始凭证	一次 原始凭证	累计 原始凭证	汇总 原始凭证
购货发票					
收料凭证汇总表					
工商银行进账单					
银行借款凭证					
领料单					
限额领料单					
付款收据					

模块 2　填制原始凭证

工作任务 1　会计数字书写

一、会计小写数字的书写规范

　　阿拉伯数字既是数学上通用的数字,也是世界各国会计记录通用的数码字或"通用文字"。被称为会计小写数字的阿拉伯数字"1、2、3、4、5、6、7、8、9、0",具有笔画简单、书写方便、美观大方、易写易认的特点,用这 10 个数码,不仅可以表现日常使用的众多数字,而且可以表示数额巨大的会计数字。正确、规范和流利地书写阿拉伯数字,是会计人员应掌握的基本功,加强会计工作中数码字的训练,有助于提高会计人员的业务素质。会计记账过程中书写的阿拉伯数字,同数学中或汉文字学中的书写方法并不一致,也不尽相同。从字体上讲,既不能把这些数码字写成刻板划一的印刷体,也不能把它们写成难以辨认的草字体,更不能为追求书写形式把它们写成美术体。从数字本身所占的位置看,既不能把数字写满"格",占满"行",又不能把数字写得太小、密密麻麻,让人不易辨认,更不能超越账页(货单)上既定的数格。从字形上看,既不能让数字垂直上下,也不能歪斜过度,更不能左倾右斜,毫无整洁感觉。而且书写后要让人看着合乎规定要求,既流利,又美观,还方便纠错更改。总之财会工作中,尤其是会计记账过程中,阿拉伯数码字的书写同普通的汉字有所不同,且已经约定俗成,形成会计数字的书写格式。

　　具体要求如下。

　　(1) 数字书写应先上后下、先左后右,不能潦草,不能似是而非,要一个一个地写,不能连笔。总体上应大小均匀、笔画流畅、独立成形、一目了然。

　　(2) 书写时字迹工整,排列整齐有序,且有一定的倾斜度(数字和底线一般应成 60°的倾斜),以向下方倾斜为好。

　　(3) 书写数字时,应使每位数字(7、9 除外)紧靠底线且不要顶满格(行)。一般来讲,每位数字约占预留格子(或空行)的 2/3 位置或 1/2 位置,每位数字之间一般不要连接,但不可预留间隔(以不能增加数字为好);每位数字上方预留 1/3 或 1/2 空格位置,可在更正错误记录时使用。

　　(4) 除"4""5"以外的各单位数字,均应一笔写成,不能人为地增加数字的笔画。

　　(5) 对于不易写好、容易混淆且笔顺相近的数字,应尽可能地按标准字体书写,区分笔顺,避免混同,以防涂改。

　　① "1"不能写短,且要合乎斜度要求,防止改为"4""6""7""9"。

　　② 书写"6"字时可适当扩大字体,可以比其他数字高出 1/4,下圆要明显,以防改为"8"。

　　③ "7""9"两字的落笔可下伸到底线外,约长 1/4。

④"6""8""9""0"都必须把圆圈笔画写顺,并且一定要封口。
具体写法如图 2-7 所示。

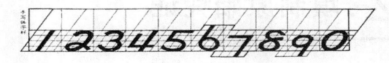

图 2-7　会计小写数字的具体写法

二、会计工作的汉字书写和会计大写数字

财会人员几乎每天都离不开书写,不仅要使用数码字,而且要使用汉字书写。比如:在填制凭证时,要写明经济业务内容、接受凭证单位名称、金额大写等;登记账簿时,要用汉字文句表述会计事项的"摘要"栏;在会计报表说明中,要运用文字和数字相结合的特殊文体写好"会计报表说明"。此外,还要撰写会计分析和会计调查报告,用其他应用文形式书写和签订合同,制定会计工作制度,总结会计工作和撰写会计科研论文等。而要完成这些工作,除配合会计记账使用大写数字外,更要书写大量的汉字,用文字和文笔表达会计信息和经济活动情况。可见,汉字书写和大写数字的练习,也是会计训练的基本功之一。

会计工作对汉字书写的基本要求是:书写规范流利、字体得当、字迹清晰、排列整齐。会计记录中的汉字书写,字体当以楷书为主体,在规范文字和字体的基础上,加快书写速度,在流利而不潦草的训练中,提高书写能力,从而提高会计工作效率。

会计大写金额数字有:零、壹、贰、叁、肆、伍、陆、柒、捌、玖、拾、佰、仟、万、亿、元、角、分、整(正)。

注意事项如下:

(1) 汉字大写金额数字,一律用正楷书写,不得用 0、一、二、三、四、五、六、七、八、九、十或另、毛等代替,不得任意自造简化字。

(2) 大写金额要紧靠"人民币"三字书写,不得留有空白,如果大写数字前没有印好"人民币"字样的,应加填"人民币"三字。

(3) 大写金额数字到元或角为止的,在"元"或"角"之后应写"整"字;大写金额数字有分的,"分"字后面不写"整"字。如¥12 000.00,应写为"人民币壹万贰仟元整";再如¥48 651.80,可写为"人民币肆万捌仟陆佰伍拾壹元捌角整",而¥486.56 应写为"人民币肆佰捌拾陆元伍角陆分"。

(4) 小写金额数字中间有"0"时,汉字大写金额要写"零"字。如¥1 409.50,应写为"人民币壹仟肆佰零玖元伍角整"。

(5) 小写金额数字元位是"0"的,或者数字中间连续有几个"0"的,元位也是"0",但角位不是"0"时,汉字大写金额可以只写一个零字,也可以不写"零"字。如¥1 680.32,汉字大写金额应写为"人民币壹仟陆佰捌拾元零叁角贰分",或者写为"人民币壹仟陆佰捌拾元叁角贰分";又如¥97 000.53,汉字大写金额应写为"人民币玖万柒仟元零伍角叁分",或者写成"人民币玖万柒仟元伍角叁分"。

(6) 小写金额数字角位是"0",而分位不是"0"时,汉字大写金额"元"后面应写"零"字。如

¥6 409.02,汉字大写金额应写成"人民币陆仟肆佰零玖元零贰分";又如¥325.04,汉字大写金额应写为"人民币叁佰贰拾伍元零肆分"。

(7) 小写金额数字最高是"1"的,汉字大写金额加写"壹"字,如¥15.80,汉字大写金额应写成:人民币壹拾伍元捌角整。

(8) 在印有大写金额万、仟、佰、拾、元、角、分位置的凭证上书写大写金额时,金额前面如有空位,可划"×"注销,小写金额数字中间有几个"0"(含分位),汉字大写金额就是几个"零"字。如¥100.50,汉字大写金额应写成:人民币×万×仟壹佰零拾零元伍角零分。

总之,会计人员的书写要规范、流利、自然、整洁、清晰、易读易认且不易被篡改。对于尚不完全具备这些基本功底的人来讲,平时应抓紧时间练习,以便日后能胜任个人所承担的会计工作。

> 提示:凭证账表中的会计小写数字书写规范的要求还有以下几点。

1. 没有位数分割线的凭证账表上的标准写法

(1) 阿拉伯金额数字前面应当书写货币币种符号或者货币名称简写,币种符号和阿拉伯数字之间不得留有空白。凡阿拉伯数字前写出币种符号的,数字后面不再写货币单位。

(2) 以元为单位的阿拉伯数字,除表示单价等情况外,一律写到角分;没有角分的角位和分位可写出"00"或者"—";有角无分的,分位应当写出"0",不得用"—"代替。

(3) 只有分位金额的,在元位和角位上各写一个"0"字,并在元与角之间点一个小数点,如"¥0.06"。

(4) 元以上每三位要空出半个阿拉伯数字的位置书写,如¥5 647 108.92,可以三位一节用"分位号"分开,即¥5,647,108.92。

2. 有位数分割线的凭证账表上的标准写法

(1) 对应固定的位数填写,不得错位。

(2) 只有分位金额的,在元位和角位上均不得写"0"字。

(3) 只有角位或角分位金额的,在元位上不得写"0"字。

(4) 分位是"0"的,在分位上写"0",角分位都是"0"的,在角分位上各写一个"0"字。

技能实训

会计数字大、小写转换(见表2-2)。

表2-2 会计数字大、小写转换

序号	小写	大写
1	¥3 400.00	
2	¥1 064 000.00	
3	¥2 000.89	
4	¥8 008.07	

续表

序　号	小　写	大　写
5	￥595.60	
6	￥250.01	
7	￥265.86	
8		人民币玖仟零伍元贰角陆分
9		人民币贰仟叁佰零捌元陆角整
10		人民币伍佰壹拾贰元零伍分
11		人民币叁拾万零叁仟伍元伍角贰分
12		人民币肆仟叁佰零捌元零肆分

工作任务 2　填制原始凭证

一、原始凭证的基本内容

原始凭证是会计核算的基础和起点,是记账的原始依据。任何一张原始凭证都必须同时具备一些相同的内容,这些内容被称为原始凭证的基本内容或基本要素。原始凭证的基本内容主要包括以下几个方面:

(1) 原始凭证的名称;

(2) 填制凭证的日期和编号;

(3) 填制凭证单位的名称或填制人姓名;

(4) 接受凭证的单位名称;

(5) 经济业务的基本内容,包括经济业务的内容摘要、数量、计量单位、单价、金额等;

(6) 经办业务部门或人员的签章。

在实际工作中,原始凭证除了具有以上内容外,还可以根据经营管理和特殊业务的需要等,补充一些必要的内容,如计划任务、工作令号、合同号数、结算方式、币种、汇率、预算项目等。有些特殊的原始凭证,可不加盖公章,但这种凭证一般有固定的特殊标志,如铁道部统一印制的火车票等。

注意:普通发票的基本联次包括:第一联存根联,由开票方留存备查;第二联发票联,收执方作为付款或收款原始凭证;第三联为记账联,由开票方作为记账凭证。

二、原始凭证的填制要求

原始凭证是记账的原始依据,为了保证原始凭证能够正确、及时、清晰地反映各项经济业务的真实情况,提高会计工作质量,原始凭证的填制必须符合下列基本要求。

1. 记录真实、内容完整

对经济业务发生或完成情况应如实地进行记录,不得弄虚作假。原始凭证上所填写的日期、经济业务的内容和有关数据,都必须真实可靠,符合国家有关政策、法令、法规、制度的要求,符合有关经济业务的实际情况,不可估计或匡算,不得弄虚作假,更不得伪造凭证。

原始凭证所要求填列的项目必须逐项填列齐全,不得遗漏和省略;必须符合手续完备的要求,经办业务的有关部门和人员要认真审核,签名盖章。

2．计算准确、填制及时

原始凭证上记载的经济业务的数量、单价、金额,应当准确无误。一些计算费用分配、摊销的原始凭证,费用摊提的方法及依据,应符合会计准则、会计制度的相关规定,分配率、分摊金额的计算应当正确。此外,经济业务发生后,单位应当及时填制凭证,并按规定的程序传递、审核,不得任意拖延或隔时补填。

3．书写清晰、手续完备

填制凭证时,应认真书写原始凭证上的数字和文字,字迹要清晰、工整,易于辨认,不得使用未经国务院公布的简化文字。大小写金额必须相符且填写规范。

> **注意：**
> (1) 单位自制的原始凭证必须有经办单位领导人或者其他指定的人员签名盖章;
> (2) 从外单位取得的原始凭证,必须盖有填制单位的公章;
> (3) 从个人取得的原始凭证,必须有填制人员的签名或者盖章;
> (4) 对外开出的原始凭证,必须加盖本单位公章;
> (5) 购买实物的原始凭证,必须有验收证明;
> (6) 支付款项的原始凭证,必须有收款单位和收款人的收款证明;
> (7) 发生销货退回的,除填制退货发票外,还必须有退货验收证明;
> (8) 退款时,必须取得对方的收款收据或者汇款银行的凭证,不得以退货发票代替收据。所有经办人员和有关部门的负责人要在凭证上签名或盖章,对凭证的真实性和正确性负责。

4．编号连续、更正规范

各种凭证都必须连续编号,以备查找。对于收付款项或实物的凭证要顺序或分类编号,在填制时按照编号的次序使用,跳号的凭证应加盖"作废"戳记,连同存根一起保存,不得撕毁。

在原始凭证填制过程中,难免会出现填制错误。出现错误时,应当由开出单位重开或更正,更正处应当加盖出具单位印章。但是原始凭证金额有错,应当由出具单位重开,不得在原始凭证上更正。无论是填制错误,还是其他原因,原始凭证都不得涂改、刮擦、挖补。

三、常用原始凭证的填制方法

1．工商企业常用收款收据的填制

收款收据的主要内容包括:①单位或个人名称;②交款的事由;③交款的大小写金额;④收据的编号和日期;⑤经办人员签名或盖章。

收款收据填制的注意事项:

收款收据下方一般是"盖章(收款单位)　签字(收款人)",即盖章处加盖单位财务专用章,签字处写收款人的名字。

【例2-1】 20××年1月1日,深圳华新电子有限公司收到明星电力股份有限公司交来的计算机配件购买款¥3 000.00,出纳尚梅,经手人李莉。请根据此笔业务开具收款收据。

根据此笔业务开具的收款收据如图2-8所示。

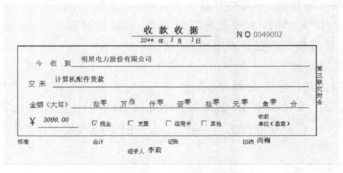

图 2-8　例 2-1(收款收据)

2．工商企业常用普通商业发票的填制

普通商业发票的主要内容包括：①客户的名称；②开具发票的日期；③开具发票的单位名称和开具人的姓名；④经办人员的签名或者盖章；⑤数量、单价、规格和金额。

普通商业发票填制的注意事项：

(1) 票面所有项目要写全；

(2) 开票日期要写准确；

(3) 货物名称或服务项目要写真实；

(4) 规格、数量、单位、单价要写清楚；

(5) 从外单位取得的原始凭证，必须盖有填制单位的公章；

(6) 凡填有大写和小写金额的原始凭证，大写与小写金额必须相符；

(7) 必须如实填写付款单位全称，不得以简称或其他文字、符号等代替付款单位全称；

(8) "单价""金额"栏填写含税单价、金额，并在"金额"栏合计(小写)数前用"￥"符号封顶；

(9) 不得涂改。如填写有误，应另行开具，并在误填的发票上注明"误填作废"四字。填错的发票，全部联次应当完整保存。

【例 2-2】 20××年1月1日，明星电力股份有限公司到深圳华新电子有限公司购买了计算器5台，单价￥30.00，文件夹10本，单价￥20.00，请根据业务开具零售发票。

根据例 2-2 中的业务开具的零售发票如图 2-9 所示。

3．工商企业常用增值税专用发票的填制

增值税专用发票的主要内容包括：①发票名称、发票号码；②联次及用途、商品名称或经营项目；③计量单位、数量、单价、销售额、增值税税率、税额、开票的日期；④购销双方纳税人名称、纳税人识别号、经营地址、电话、账号和地址；⑤收款人、复核、开票人和销售单位签章。

增值税专用发票填制的注意事项：

(1) 项目齐全，与实际交易相符；

(2) 字迹清楚，不得压线、错格；

(3) 发票联和抵扣联加盖财务专用章或者发票专用章；

(4) 按照增值税纳税义务的发生时间开具；

(5) 专用发票由基本联次或者基本联次附加其他联次构成，基本联次为三联：发票联、抵扣联和记账联。发票联，作为购买方核算采购成本和增值税进项税额的记账凭证；抵扣联，作为购买方报送主管税务机关认证和留存备查的凭证；记账联，作为销售方核算销售收入和增值税销

4200061620　　湖北增值税普通发票　　№ 142060823503
00557477

客户名称：明星电力股份有限公司　　20××年 1 月 1 日

品号及规格	货物或劳务名称	单位	数量	单价	金额 百	十	元	角	分
	计算器	台	5	30	1	5	0	0	0
	文件夹	本	10	20	2	0	0	0	0
合计（大写）	叁 佰 伍 拾 零 元 零 角 零 分　¥350.00								

①存根

单位：（盖章）　　开票人：李明　　收款人：王东

图 2-9　例 2-2(零售发票)

项税额的记账凭证。其他联次的用途，由一般纳税人自行确定。

【例 2-3】 2019 年 8 月 1 日，上海恒隆日化有限责任公司购买武汉福卡日化有限责任公司 E01 洗涤剂 1350 千克，每千克 84 元；F02 洗涤剂 1420 千克，每千克 72 元，增值税税率为 13%。

上海恒隆日化有限责任公司的纳税人识别号：913101049948533114。

地址、电话：上海市徐汇区李敏街邱爱路 57 号，021-86191735。

开户行及账号：中国建设银行上海市徐汇区支行，41652038966334。

武汉福卡日化有限责任公司纳税人识别号：914201021270955677。

地址、电话：湖北省武汉市江岸区王群街王颖路 57 号，027-81746125。

开户行及账号：中国建设银行武汉市江岸区支行，41409345992051。

开票人杨萱。请根据此业务开具增值税专用发票。

根据此业务开具的增值税专用发票如图 2-10 所示。

4201188140　　湖北增值税专用发票　　№ 78451980　4201188140 78451980

开票日期：2019年08月01日

购买方　名　　称：上海恒隆日化有限责任公司
纳税人识别号：913101049948533114
地 址、电 话：上海市徐汇区李敏街邱爱路57号 021-86191735
开户行及账号：中国建设银行上海市徐汇区支行41652038966334

密码区　42*3187<4/+9069<+95-59+7<4671788<0-->>-6>525<677250->7*787*3187<4/+8490<+184933450594+<712/<1+9016>2569++>84>557<+95-59+7<1339066<0-->>-6>

货物或应税劳务、服务名称	规格型号	单位	数量	单价	金额	税率	税额
*洗涤剂*E01		千克	1350	84	113400.00	13%	14742.00
*洗涤剂*F02		千克	1420	72	102240.00	13%	13291.20
合　计					¥215640.00		¥28033.20
价税合计（大写）	⊗贰拾肆万叁仟陆佰柒拾叁元贰角整				（小写）¥243673.20		

销售方　名　　称：武汉福卡日化有限责任公司
纳税人识别号：914201021270955677
地 址、电 话：湖北省武汉市江岸区王群街王颖路57号 027-81746125
开户行及账号：中国建设银行武汉市江岸区支行 41409345992051

备注　武汉福卡日化有限责任公司 914201021270955677 发票专用章

收款人：　　复核：　　开票人：杨萱　　销售方：（章）

第三联：发票联　购买方记账凭证

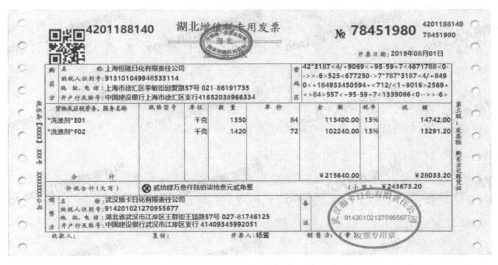

图 2-10　例 2-3(增值税专用发票)

4．工商企业常用银行支票的填制

银行支票的主要内容包括：①出票日期；②收款人；③付款行名称、出票人账号；④用途；⑤出纳、复核、记账、验印。

银行支票填制的注意事项如下。

(1) 出票日期应大写。其中，月份要求是：壹月、贰月和壹拾月前必写"零"字，叁月至玖月前"零"字可写可不写，拾壹月和拾贰月必须写成壹拾壹月和壹拾贰月。日期要求是：壹日至玖日前必写"零"字，拾壹日至拾玖日前必写"壹"字，壹拾日、贰拾日及叁拾日前必写"零"字。如，2014 年 8 月 5 日应写为：贰零壹肆年捌月零伍日。又如，2014 年 2 月 13 日应写为：贰零壹肆年零贰月壹拾叁日。

(2) 收款人。现金支票收款人可写为本单位名称，此时现金支票背面"被背书人"栏内加盖本单位的财务专用章和法人章，之后收款人可凭现金支票直接到开户银行提取现金。（由于有的银行各营业点联网，所以也可到联网营业点取款，具体要看联网覆盖范围而定。）现金支票收款人也可写为收款人个人姓名，此时现金支票背面不盖任何章，收款人在现金支票背面填上身份证号码和发证机关名称，凭身份证和现金支票签字领款。转账支票收款人应填写为对方单位名称。转账支票背面本单位不盖章。收款单位取得转账支票后，在支票背面被背书栏内加盖收款单位财务专用章和法人章，填写好银行进账单后连同该支票交给收款单位的开户银行，委托银行收款。

(3) 付款行名称、出票人账号应填写本单位开户银行名称及银行账号。

(4) 用途。现金支票有一定限制，一般填写"备用金""差旅费""工资""劳务费"等。转账支票没有具体规定，可填写如"货款""代理费"等。

(5) 盖章。支票正面盖财务专用章和法人章，缺一不可，印泥为红色，印章必须清晰，印章模糊只能将本张支票作废，换一张重新填写、重新盖章。同时，注意印章不能压条形码。

(6) 其他相关常识。支票正面不能有涂改痕迹，否则本支票作废；受票人如果发现支票填写不全，可以补记，但不能涂改；支票的有效期为 10 天，日期首尾算一天，节假日可顺延；支票见票即付，不记名，即丢了支票尤其是现金支票可能就是票面金额数目的钱丢了，银行不承担责任。

注意：辨别支票真伪可以看出票人填写的账号与下端的条形码是否一致，条形码前半部分为出票人银行行号，后半部分为出票人账号。

【例 2-4】 2019 年 8 月 19 日，提取现金 15600.00 元备用，请填制现金支票。（收款人：上海恒隆日化有限责任公司，支付密码：2815-8403-6433-0381，付款银行：中国建设银行上海市徐汇区支行，付款账号：416520389666334，银行预留印鉴：上海恒隆日化有限责任公司财务专用章＋法定代表人私章：陈家名）

根据此业务填制的现金发票如图 2-11 所示。

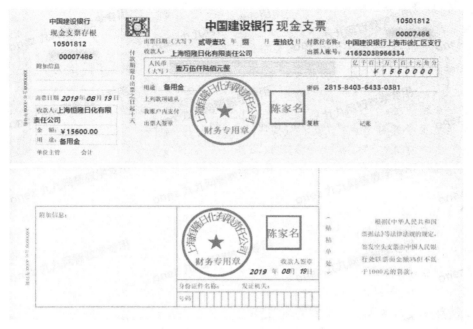

图 2-11 例 2-4(现金支票)

一、单项选择题

1．"¥107 000.30"的大写金额可写为人民币（　　）。

A．拾万柒仟叁角　　　　　　　　B．拾万柒仟叁角整

C．壹拾万柒仟叁角整　　　　　　D．壹拾万柒仟元零叁角整

2．填制原始凭证时应做到大小写数字符合规范，填写正确。如大写金额"人民币壹仟零壹元伍角整"，其小写应为（　　）。

A．1 001.50 元　　　　　　　　　B．¥1 001.50

C．¥1 001.50 元　　　　　　　　D．¥1 001.5

3．填制原始凭证时，以下数字书写符合要求的是（　　）。

A．肆仟壹拾捌元

B．人民币贰仟贰佰捌拾捌元捌角陆分整

C．壹仟伍元

D．人民币壹仟零贰拾捌元整

二、多项选择题

1．原始凭证的内容包括（　　）。

A．原始凭证的名称

B．填制原始凭证的日期

C. 应借、应贷的会计科目名称
D. 接受原始凭证单位的名称

2. 下列事项中,符合有关原始凭证填制要求的是(   )。
A. 原始凭证所填列的经济业务内容和数字,必须真实可靠,符合实际情况
B. 年、月、日要按照填制原始凭证的实际日期填写
C. 小写金额为¥20 000.00,大写金额应写成"人民币贰万元整"
D. 原始凭证金额有错误的,应采用划线更正法进行更正

3. 原始凭证的填制要求有(   )。
A. 记录真实   B. 内容完整
C. 手续完备   D. 书写规范

4. "¥1 680.92"可写成人民币(   )。
A. 壹仟陆佰捌拾元零玖角贰分
B. 壹仟陆佰捌拾元玖毛贰分
C. 壹仟陆佰捌拾元玖角贰分
D. 壹仟陆佰捌拾零玖角贰分

5. 下列符合中文大写数字书写要求的有(   )。
A. 中文大写金额数字到"元"为止的,在"元"之后,应写"整"字
B. 中文大写金额数字到"角"为止的,在"角"之后,可以写"整"字
C. 中文大写金额数字到"角"为止的,也可不写"整"字
D. 大写金额数字有"分"的,在"分"字之后,不写"整"字

模块 3 审核原始凭证

一、原始凭证审核的内容

任何原始凭证都必须经过严格审核无误后,才能作为记账的依据。这既是会计的基础工作,也是会计监督的重要环节。审核原始凭证应当按照国家统一会计制度的规定进行。原始凭证的审核主要包括以下几个方面的内容。

1. 合法性审核

审核原始凭证的合法性,是对原始凭证进行实质性的审核,也是重要的审核。审核原始凭证所反映的经济业务是否合法,即是否符合有关政策、法令、制度、计划、预算和合同等规定,是否符合审批权限和手续,是否履行了规定的凭证传递程序,费用开支是否符合开支标准,是否符合节约原则等。如在审核原始凭证中发现有多计或少计收入、费用,擅自扩大开支范围、提高开支标准,巧立名目、虚报冒领、滥发奖金、津贴等违反财经制度和财经纪律的情况,不仅不能作为合法真实的原始凭证,而且要按规定进行处理。对于违法乱纪、涂改、伪造冒领等非法行为,应扣留凭证,根据有关法规,进行严肃处理。

2．合理性审核

审核所发生的经济业务是否符合厉行节约、反对浪费、有利于提高经济效益的原则,有否违反该原则的现象。如经审核原始凭证后确定有突击使用预算结余购买不需要的物品,有对陈旧过时设备进行大修理等违反上述原则的情况,不能作为合理的原始凭证。

3．完整性审核

审核原始凭证的项目内容是否填列齐全,手续是否完备,凭证联次是否正确,有关经办人员是否都已签名或盖章,是否经过有关主管人员审批同意等。如经审核原始凭证后确定有未填写接受凭证单位名称,无填证单位或制证人员签章,业务内容与附件不符等情况,不能作为内容完整的原始凭证。对要求统一使用的发票,应检查是否存在伪造、挪用或用作废的发票代替等现象,凭证中应有的印章、签名是否齐全,审批手续是否健全等。对发现手续不完备、内容不全的凭证,如属于本单位填制的,应退回填制部门,要求更正、补填或注销重新填制;如属于外单位来的,应拒绝接受,退回原单位。

4．正确性审核

审核原始凭证所反映的内容有无掩盖、伪造、歪曲和颠倒。审核原始凭证的日期、摘要和业务内容是否填写清楚、易于辨认,数量、单价、金额、合计数等有无计算差错,大写与小写金额是否相符等。如经审核原始凭证后确定有业务内容摘要与数量、金额不相对应,业务所涉及的数量与单价的乘积与金额不符,金额合计错误等情况,不能作为正确的原始凭证。对于数字填写有差错的凭证,应退还经办人员进行更正后才能受理。

5．真实性审核

（1）内容记载是否清晰,有无掩盖事情真相的现象。
（2）凭证抬头是不是本单位。
（3）数量、单价与金额是否相符。
（4）认真核对笔迹,有无模仿领导笔迹签字冒领现象。
（5）有无涂改,有无添加内容和金额。
（6）有无移花接木的凭证。

6．及时性审核

审核经济业务发生或完成时是否及时填制了有关原始凭证,是否及时进行了凭证的传递。审核时应注意审查凭证的填制日期,尤其是支票、商业汇票等时效性较强的原始凭证,更应仔细验证其签发日期。

二、原始凭证审核结果的处理

（1）对于完全符合要求的原始凭证,应及时据以编制记账凭证入账。
（2）对于真实、合法、合理但内容不够完整、填写有错误的原始凭证,应退回给有关经办人员,由其负责将有关凭证补充完整、更正错误或重开后,再办理正式会计手续。但原始凭证金额出现错误的不得更正,只能由原始凭证开具单位重新开具。
（3）对于不真实、不合法的原始凭证,会计机构和会计人员有权不予以接受,并向单位负责人报告,请求查明原因,追究有关当事人的责任。

> 💡 **提示**：从外单位取得的原始凭证(不含增值税专用发票)遗失时,应取得原签发单位盖有

公章的证明,并注明原始凭证的号码、金额、内容等,由经办单位会计机构负责人、会计主管人员和单位负责人批准后,才能代作原始凭证。若确实无法取得证明的,如车票丢失,则应由当事人写明详细情况,由经办单位会计机构负责人、会计主管人员和单位负责人批准后,代作原始凭证。

一般纳税人丢失已开具专用发票的抵扣联,如果丢失前已认证相符的,可使用专用发票发票联复印件留存备查;如果丢失前未认证的,可使用专用发票发票联认证,专用发票发票联复印件留存备查。一般纳税人丢失已开具专用发票的发票联,可将专用发票抵扣联作为记账凭证,专用发票抵扣联复印件留存备查。

注意:只有经过审核无误的原始凭证才能作为记账的依据。

三、原始凭证的错误更正

(1) 原始凭证记载的各项内容均不得涂改,随意涂改原始凭证即为无效凭证,不能作为填制记账凭证或登记会计账簿的依据。

(2) 原始凭证所记载的内容有错误的,应当由出具单位重开或者更正,更正工作必须由原始凭证出具单位进行,并在更正处加盖出具单位印章;重新开具原始凭证也应当由原始凭证出具单位进行。

(3) 原始凭证金额有错误的不得更正,只能由原始凭证出具单位重开,以防有关人员利用职权进行舞弊。

四、审核原始凭证时的其他注意事项

(1) 原始凭证必须具备的内容:原始凭证的名称;填制凭证的日期;填制凭证的单位名称和填制人姓名;经办人员的签名或盖章;接受凭证单位的名称;经济业务的内容;数量、单价和金额。

(2) 外来原始凭证(如发票、收据等),必须盖有填制单位的财务专用章或发票专用章,同时具有套印的税务部门或有权监制部门的专用章以及填制人员的签名或盖章;从个人取得的原始凭证,必须有填制人员的签名或者盖章,同时应写明住址,必要的注明身份证号码。

(3) 自制原始凭证(如入库单、领料单等)必须有经办单位负责人(或其指定的人员)和经办人签名或者盖章。

(4) 凡需填写大写和小写金额的原始凭证,大写与小写金额必须相符。购买实物的原始凭证,必须有实物验收证明;支付款项的原始凭证,必须有收款单位和收款人的收款证明。

(5) 一式几联的原始凭证,应当注明各联的用途,只能以一联作为报销凭证,必须用双面复写纸(发票和收据本身具备复写纸功能的除外)套写,并连续编号。作废时应当加盖"作废"戳记,连同存根一起保存,不得撕毁。

(6) 发生销货退回的,除填制退货发票外,还必须有退货验收证明;退款时,必须取得对方的收款收据或者汇款银行的凭证以及当地主管税务机关开具的"进货退出或索取折让证明单",不得以退货发票代替收据。

(7) 职工因公借款的借据,必须附在记账凭证之后。收回借款时,应当另开收据或者退还借据副本,不得退还原借款收据。

（8）经上级有关部门批准的经济业务，应当将批准文件作为原始凭证附件。如果批准文件需要单独归档的，应当在凭证上注明批准机关名称、日期和文件字号。

（9）原始凭证发现错误或无法辨认的，不得涂改、挖补。未入账的原始凭证，应退回填制单位或填制人员补填或更正，更正处应当加盖开出单位的公章；发现有违反财经纪律和财会制度的，应拒绝受理，对弄虚作假、营私舞弊、伪造涂改等违法乱纪的，应扣留凭证，报告领导处理。已经入账的原始凭证，不能抽出，应另外以正确原始凭证进行更正。

（10）原始凭证不得外借。其他单位如因特殊原因需要使用原始凭证时，经本单位会计机构负责人、会计主管人员批准，可以复制。向外单位提供的原始凭证复制件，应在专设的登记簿上登记，并由提供人员和收取人共同签名或盖章。

（11）外来原始凭证如有遗失，应取得原填制单位盖章证明，并注明原始凭证编号、金额和内容等，经单位领导人批准后，才能代作原始凭证。如确实无法取得证明的，如火车票、汽车票、轮船票、飞机票等，由当事人写出详细情况，在单位领导人批准后，代作原始凭证。

（12）一般情况下，记账凭证必须附有原始凭证并注明张数。原始凭证的张数按自然张数计算（原始凭证汇总表应计算在内，原始凭证粘贴纸不应计算）。如果一张原始凭证涉及几张记账凭证，可以把原始凭证附在一张主要的记账凭证后面，并在其他记账凭证上注明附有该原始凭证的记账凭证的编号或者附原始凭证复印件。更正错误或结账、调账的记账凭证，可以不附原始凭证，但应将调整事项说清楚。

（13）附在办理收付款项的记账凭证后的原始凭证，在办理完收付款项后，必须加盖"收讫""付讫"戳记。

（14）附在记账凭证之后的原始凭证，应折叠、粘贴整齐，对小于记账凭证的原始凭证（如火车票、汽车票、飞机票、轮船票等），要粘贴在与记账凭证一样大小的原始凭证粘贴单上。

对于数量较多的原始凭证，如收料单、发料单等，可以单独装订保管，在封面上注明记账凭证日期、编号、种类，同时在记账凭证上注明"附件另订"字样、原始凭证名称和编号。

各种经济合同、存出保证金收据及涉外文件等重要原始凭证，应另行编制目录，单独登记保管，并在有关记账凭证和原始凭证上相互注明日期和编号。

注意：不论原始凭证舞弊采用什么方式，其原始凭证上都会直接或间接地表现出以下特点中的一点或几点。

（1）对刮、擦、用胶带拉扯的原始凭证，其表面总会有毛粗的感觉，可用手摸、背光目视的方法检查出来；对用"消字灵"等化学试剂消退字迹而后写上的原始凭证，其纸张上显示出表面光泽消失，纸质变脆，有淡黄色污斑和隐约可见的文字笔画残留，纸张格子线和保护花纹受到破坏，新写的字迹由于药剂作用而渗散变淡等特征中的一条或几条。

（2）对添加改写的原始凭证，其文字分布位置不合比例，字体不是十分一致，有时出现不必要的重描和交叉笔画。

（3）对于冒充签字的原始凭证，其冒充签字常常在笔迹熟练程度、字形、字的斜度、字体方向和形态、字与字的间距、行与行的间隔、字的大小、压力轻重、字的基本结构等方面存在差异，有时可以通过肉眼观察发现。

（4）对于伪造的原始凭证可以通过对比原始凭证的防伪标志来鉴别。

对于以上四种舞弊手法，如必要，可请公安部门运用特定的技术进行鉴别。

技能实训

根据业务需要，审核以下原始凭证（见图2-11至图2-13），找出其中的问题。

图 2-11　需审核原始凭证(1)

图 2-12　需审核原始凭证(2)

图 2-13　需审核原始凭证(3)

项目 3
记账凭证的填制与审核

【知识目标】
(1) 理解会计科目、会计账户及借贷记账法。
(2) 认知记账凭证及分类。
(3) 认知制造业企业经济业务的核算流程。
(4) 了解记账凭证的审核内容。

【技能目标】
(1) 能够使用会计科目和账户。
(2) 能够编制会计分录。
(3) 能够进行试算平衡。
(4) 能够根据给出的经济业务内容编制和审核记账凭证。

导学案例：

小王是某公司业务员，准备去外地出差，经领导批准后到财务部借支差旅费 3 000 元。他填好"借支单"后，经主管领导签字、会计审核后，出纳以现金付讫。

请问：此项业务会计人员如何记录？

引例分析：

此项业务引起了哪些会计要素发生变化呢？会计人员又如何将它记录下来并进行审核呢？这将是本项目要解决的问题。

模块 1　设置会计科目与账户

工作任务 1　会计科目

一、会计科目的含义

企业在经营过程中发生的各种各样的经济业务,会引起各项会计要素发生增减变化。企业的经营业务错综复杂,即使涉及同一种会计要素,也往往具有不同性质和内容。例如,到银行提取现金,这项经济业务涉及会计要素的变化是资产内部的一增一减,由此看来,会计要素的分类过于粗略,不能很好地满足各有关方面对会计信息的需要。所以,为了提供更详细、更准确的会计信息资料,就需要将会计要素按一定的标准进一步分类,从而产生了会计科目。

会计科目是对会计对象的具体内容(即会计要素)进行分类核算所规定的项目。例如,资产类别中,企业存放在出纳保险柜的钱称为"库存现金",存放在银行的钱称为"银行存款",用这笔钱买回了生产所需的主要材料,称为"原材料",材料经加工为产品,等待销售时又称为"库存商品"。这种分类正如生活中我们将文具类物品又细分为笔、橡皮、尺、笔记本等一样。

二、会计科目的设置原则

会计科目是进行各项会计记录和提供各项会计信息的基础,设置会计科目是复式记账中编制、整理会计凭证和设置账簿的基础,并能提供全面、统一的会计信息,便于投资人、债权人以及其他会计信息使用者掌握和分析企业的财务状况、经营成果和现金流量。

为了提供连续、系统、全面的会计信息,各单位设置会计科目应遵循以下原则。

(1) 合法性原则,是指所设置的会计科目应当符合国家统一的会计制度的规定。会计科目由财政部统一制定颁布。为了保证会计信息的可比性,所设置的会计科目应当符合国家统一的会计制度的规定。

(2) 相关性原则,是指所设置的会计科目应为投资者、债权人、企业管理者等有关各方提供所需要的会计信息服务,满足对外报告与对内管理的要求。

(3) 实用性原则,是指所设置的会计科目应符合单位自身特点,满足单位实际需要。在不违反合法性的前提下,各单位可以根据实际情况,自行增设、分拆、合并会计科目,具有一定的灵活性。

三、会计科目的分类

为了在会计核算中正确地掌握和运用好会计科目,必须对会计科目进行分类。

1. 按经济内容分类

企业会计科目按其反映的经济内容划分,可分为资产类、负债类、共同类、所有者权益类、成本类和损益类。国家财政部2006年10月颁布的《企业会计准则——应用指南》,对企业应用的会计科目及其核算内容做出了规定,企业应按规定设置和使用会计科目,如表3-1所示。

表3-1 企业会计科目表(简表)

编号	会计科目名称	编号	会计科目名称
	一、资产类	2202	应付账款
1001	库存现金	2203	预收账款
1002	银行存款	2211	应付职工薪酬
1012	其他货币资金	2221	应交税费
1101	交易性金融资产	2231	应付利息
1121	应收票据	2232	应付股利
1122	应收账款	2241	其他应付款
1123	预付账款	2501	长期借款
1131	应收股利	2502	应付债券
1132	应收利息	2701	长期应付款
1221	其他应收款	2801	预计负债
1231	坏账准备	2901	递延所得税负债
1401	材料采购		三、共同类
1402	在途物资	3101	衍生工具
1403	原材料	3201	套期工具
1404	材料成本差异		四、所有者权益类
1405	库存商品	4001	实收资本
1408	委托加工物资	4002	资本公积
1411	周转材料	4101	盈余公积
1471	存货跌价准备	4103	本年利润
1501	持有至到期投资	4104	利润分配
1511	长期股权投资		五、成本类
1531	长期应收款	5001	生产成本
1601	固定资产	5101	制造费用
1602	累计折旧		六、损益类
1603	固定资产减值准备	6001	主营业务收入
1604	在建工程	6051	其他业务收入
1605	工程物资	6101	公允价值变动损益
1606	固定资产清理	6111	投资收益
1701	无形资产	6301	营业外收入
1702	累计摊销	6401	主营业务成本

续表

编号	会计科目名称	编号	会计科目名称
1703	无形资产减值准备	6402	其他业务成本
1711	商誉	6403	税金及附加
1801	长期待摊费用	6601	销售费用
1811	递延所得税资产	6602	管理费用
1901	待处理财产损溢	6603	财务费用
	二、负债类	6701	资产减值损失
2001	短期借款	6711	营业外支出
2101	交易性金融负债	6801	所得税费用
2201	应付票据	6901	以前年度损益调整

2. 按提供核算指标的详细程度分类

会计科目按其提供信息的详细程度不同,可分为总分类科目和明细分类科目。

(1) 总分类科目又称总账科目或一级科目,是对会计要素具体内容进行总括分类、提供总括信息的会计科目。如,"原材料""应收账款""库存商品"等。会计科目表里的会计科目都是一级科目。

(2) 明细分类科目又称明细科目,是对总分类科目做进一步分类、提供更详细更具体会计信息的科目。如:"库存商品"科目可按商品的类别、品名、规格、型号等设置明细科目,反映库存商品的具体构成;"应收账款"科目可按债务人名称或姓名设置明细科目,反映应收账款的具体对象。

明细科目又分为二级科目和三级科目。二级科目又称子目,是对一级科目的细分;三级科目又称细目,是对二级科目的再划分。有些二级科目是由国家统一规定的,如,"应交税费"下设"应交增值税""应交城市维护建设税""应交所得税"等二级科目。大多数明细科目由企业根据经营管理需要自行设置。表3-2所示为总分类科目和明细分类科目的直接关系。

表3-2 总分类科目和明细分类科目的直接关系

总分类科目 (一级科目)	明细分类科目	
	二级科目(子目)	三级科目(细目)
原材料	原料及主要材料	圆钢
		生铁
	外购半成品	电机
		轴承
		标准件
	燃料	焦炭
		煤
	辅助材料	油漆
		润滑油

对于明细分类科目较多的总分类科目,可在其下设置两级或多级明细分类科目。实际工作

中,会计科目的级次应根据具体情况灵活设置,并不是分得越细越好,也不是每一个一级科目下都必须设置二级、三级科目。究竟设置几级,既要看有关各方的信息需求,也要取决于核算的必要和工作的简化。

总分类科目和明细分类科目在性质上是从属关系,总分类科目控制着明细分类科目,明细分类科目从属于总分类科目,是对总分类科目的补充说明。

四、应用举例

【例 3-1】 从银行提取现金 300 元。
该项业务涉及"银行存款"和"库存现金"科目。

【例 3-2】 购买材料 7 000 元,料款尚未支付。
该项业务涉及"原材料"和"应付账款"科目。

【例 3-3】 某投资者投入设备一台,价值 300 000 元。
该项业务涉及"实收资本"和"固定资产"科目。

【例 3-4】 某企业销售产品一批,价值 3 000 元,货款尚未收到。
该项业务涉及"主营业务收入"和"应收账款"科目。

工作任务 2　设置会计账户

小问题:会计科目只是对会计要素进行具体分类的项目,提供会计核算所需要运用的内容,但如何反映某一类经济项目变化情况及变化结果?如"银行存款"反映企业存放在金融机构的款项,涉及"银行存款"的业务很多,如提取现金、存款、支付货款等,经过这些频繁、复杂的经济业务后,如何反映银行存款在一定会计期间增加多少?减少多少?期末结余多少?

一、会计账户的概念

会计科目是对会计对象的具体内容(会计要素)所进行的分类,它只是一个分类核算的项目,没有结构的问题,它不能记录经济业务所引起的各项会计要素的增减变动情况及其结果。企业为了对所发生的经济业务进行全面、连续、系统的反映和监督,提供各种有用的会计信息,还必须根据会计科目开设会计账户。

会计账户,也称账户,是指按照会计科目开设的,具有一定格式和结构,用来连续、系统、分类记录和反映会计要素增减变动情况及其结果的一种专门工具。例如,会计科目中有"银行存款"科目,根据这个会计科目开设的账户,就称为"银行存款"账户。

会计科目与会计账户是两个既有联系又有区别的不同概念。它们的联系是:两者都是对会计要素的具体内容进行的科学分类,两者口径一致、性质相同。会计科目是设置会计账户的依据,是会计账户的名称,没有会计科目,会计账户便失去了设置的依据;会计账户是会计科目的具体运用,没有会计账户,就无法发挥会计科目的作用。它们之间的区别在于:会计账户具有一定格式和结构,会计科目仅仅是会计账户的名称,其本身没有任何结构、格式问题。实际工作中,会计人员对会计科目和会计账户往往不加区别,相互通用。

二、会计账户的分类

由于会计账户是根据会计科目设置的,所以会计科目的性质、内容和分类决定着会计账户的性质、内容和分类。

会计账户按照其所反映的经济内容的不同,分为资产类、负债类、共同类、所有者权益类、成本类和损益类;会计账户按照其所提供信息的详细程度及其统驭关系的不同,分为总分类账户和明细分类账户。总分类账户是根据总分类会计科目设置的,用于对会计要素具体内容进行总括分类核算的账户,简称总账账户或总账。明细分类账户是根据明细分类科目设置的,用于对会计要素具体内容进行明细分类核算的账户,简称明细账。总分类账户和明细分类账户之间是统驭和从属的关系。总分类账户统驭明细分类账户,明细分类账户则对总分类账户起着进一步补充说明的作用。

三、会计账户的基本结构

会计账户的结构就是账户的格式。企业的经济业务纷繁复杂,但从数量变化来看,不外乎增加和减少两种情况。因此,会计账户也分为左、右两方,一方登记增加数,另一方登记减少数。至于哪一方登记增加,哪一方登记减少,取决于所记录经济业务和账户的性质。

在实际工作中,账户表现在账页上,如图3-1所示。

年		凭证		摘要	借方							贷方							借或贷	余额						
月	日	字	号		万	千	百	十	元	角	分	万	千	百	十	元	角	分		万	千	百	十	元	角	分

账户名称(会计科目)

图3-1 表现在账页上的账户

一般来说,账户的基本结构应包括如下内容:

(1)账户的名称,即会计科目;
(2)日期和摘要,即记录经济业务的日期和概括说明经济业务的内容;
(3)凭证号数,即账户记录的来源和依据;
(4)增加或减少的金额;
(5)余额。

教学中为了方便,常用简化形式"T"形账户来说明账户的基本结构,如图3-2所示。

账户中记录四种核算指标,即期初余额、本期增加发生额、本期减少发生额和期末余额。其

图 3-2 "T"形账户的简化形式

中,我们将账户中登记本期增加的金额,称为账户的本期增加发生额;登记本期减少的金额,称为账户的本期减少发生额。同时,增减相抵后的差额,称为账户的余额。

其关系式如下:

$$期末余额=期初余额+本期增加发生额-本期减少发生额$$

企业的经营活动是持续不断地进行的,并且以此作为假定前提。所以,本期的期末余额必然是下期的期初余额;上期的期末余额必然是本期的期初余额。

余额的关系式如下:

$$上期期末余额=本期期初余额$$

四、应用举例

【例 3-5】 月初,"银行存款"账户有期初余额 100 000 元,本月存入 20 000 元,支出 50 000元,则月末银行存款账户期末余额是多少元?

左方	银行存款	右方
期初余额 100 000		
本期增加发生额 20 000	本期减少发生额 50 000	
期末余额?		

$$\begin{aligned}期末余额&=期初余额+本期增加发生额-本期减少发生额\\&=100\ 000\ 元+20\ 000\ 元-50\ 000\ 元\\&=70\ 000\ 元\end{aligned}$$

【例 3-6】 若"库存现金"账户本期期初余额为 5 600 元,本期期末余额为 5 700 元,本期减少发生额为 800 元,则该账户本期增加发生额为多少元?

左方	库存现金	右方
期初余额 5 600		
本期增加发生额?	本期减少发生额 800	
期末余额 5 700		

$$\begin{aligned}本期增加发生额&=期末余额-期初余额+本期减少发生额\\&=5\ 700\ 元-5\ 600\ 元+800\ 元\\&=900\ 元\end{aligned}$$

模块 2　复式记账

工作任务 1　借贷记账法

一、记账方法

为了分类、系统、连续地记录企业发生的各项经济业务,必须在设置账户的基础上运用合理的记账方法。所谓记账方法就是指根据记账原理,遵循一定的记账规则,将经济业务的发生所引起的会计要素的增减变动登记到账户中去的方法。从会计的发展历程看,记账方法按记账形式的不同,可分为单式记账法和复式记账法两种。

单式记账法是对每项经济业务只在一个账户中进行单方面登记的记账方法。例如,用现金2 000元购买材料,这一经济业务发生后,为了反映企业资金的变动情况,采用单式记账法,会在现金账户记录减少了2 000元现金。

在会计发展的初期,经济活动比较单一,经济业务也较为简单,这种记账方法的弊端并不突出。随着商品经济的发展,经济活动越来越多,经济业务也越来越复杂,单式记账法就逐渐被科学的复式记账法所取代。

二、复式记账法

1. 复式记账法的概念

复式记账法是对每项经济业务,都以相等的金额,在两个或两个以上相互联系的账户中进行登记的记账方法。例如,用现金2 000元购买材料,既要在"库存现金"账户中记录减少2 000元,又要在"原材料"账户中记录增加2 000元,并在这两个账户之间建立起一定的对应关系,以便于相互核对。

2. 复式记账法的特点

与单式记账法相比较,复式记账法有三个明显的特点。

(1) 设置了完整的账户体系,能全面反映和监督所有的经济业务。

(2) 对所发生的经济业务都要在相互联系的两个或两个以上的账户中进行记录,便于了解每项经济业务的来龙去脉。

(3) 对每项经济业务都以相等的金额在相关账户中进行记录,便于对记录的结果进行核对,从而检查账户记录的正确性。

3. 复式记账法的原理

复式记账法以会计等式"资产＝负债＋所有者权益"为理论依据。任何一项经济业务的发生,其资金增减变化不外乎四种情况(见图3-3)。

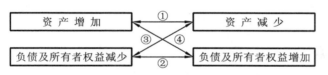

图 3-3 资金增减变化情况

由于复式记账法的双重记录所登记的是同一资金运动的两个方面,其金额必然相等。因此,会计平衡等式是复式记账的基础,复式记账是会计平衡等式不断实现新的平衡的保证。

复式记账法根据记账符号、记账规则等不同,又可分为借贷记账法、增减记账法和收付记账法,等等。其中,借贷记账法是世界各国普遍采用的一种记账方法。我国《企业会计准则——基本准则》第十一条明确规定,企业应当采用借贷记账法记账。

三、借贷记账法

据史料记载,借贷记账法大约起源于 13 世纪的意大利。"借""贷"的含义最初是从借贷资本家的角度来解释的。借贷资本家以经营货币的借入和贷出为基本业务,对于借入或吸收的存款,记在"贷主"名下,表示自身债务的增加;对于贷出或发放的款项,记在"借主"名下,表示自身债权的增加。"借"表示债权(应收款),"贷"表示债务(应付款)。随着时间的推移和商品经济的日益发展,经济业务越来越复杂,借贷资本家应记录的经济业务不仅仅包括以前的货币借贷业务,而且还包括财产物资、经营损益、经营资本等诸多方面。为了使得对每一类业务都能进行记录,又要保证对每一个方面业务的记账方式一致,借贷资本家开始用"借"和"贷"记录货币资金和非货币资金业务。这样,"借"和"贷"二字逐渐失去了原来的经济含义,进而转化为一种纯粹的记账符号,变成专门的会计术语。20 世纪初,清政府派人赴日学习,借贷记账法就由日本传入我国。目前,世界各国都采用借贷记账法进行会计核算,使得借贷记账法成为通用的国际商业语言。

借贷记账法是以"借"和"贷"作为记账符号,在两个或两个以上相互联系的账户中,对每一项经济业务以相等的金额全面进行记录的一种复式记账方法。

(一)记账符号

"借"和"贷"是借贷记账法的标志。这是一对记账符号。作为纯粹记账符号的"借"和"贷",并不表示任何借款或贷款事项,也没有其他任何意义,只是表示账户上两个对立的方向或部位,通常称为借方和贷方,具体借方和贷方符号所代表的经济内容,只有联系账户的具体性质才能确定。

(二)账户结构

借贷记账法中,账户的基本结构是:左方为借方,右方为贷方。由于资产与权益分别处于会计等式"资产=负债+所有者权益"的两边,因此,资产和权益的增减变动,必须按相反方向在账户中加以记录,并在两类账户中用借贷相反的方向来记录账户的内容。

而综合会计等式"资产+费用=负债+所有者权益+收入",决定了收入类账户的结构与负债及所有者权益类账户的结构一致,成本费用支出类账户的结构与资产类账户结构相同。

1. 资产类账户的结构

在资产类账户中,借方登记增加,贷方登记减少,期初余额、期末余额一般在借方。其结构如下：

借方	资产类账户	贷方
期初余额		
本期增加发生额	本期减少发生额	
本期增加发生额合计	本期减少发生额合计	
期末余额		

资产类账户的期末余额＝借方期初余额＋本期借方发生额－本期贷方发生额

2. 负债及所有者权益类账户的结构

在负债及所有者权益类账户中，贷方登记增加，借方登记减少，期初余额、期末余额一般在贷方。其结构如下：

借方	负债及所有者权益类账户	贷方
	期初余额	
本期减少发生额	本期增加发生额	
本期减少发生额合计	本期增加发生额合计	
	期末余额	

负债及所有者权益类账户的期末余额＝贷方期初余额＋本期贷方发生额
－本期借方发生额

3. 成本类账户的结构

在成本类账户中，借方登记增加，贷方登记减少，该账户期末一般没有余额。如有余额，余额在借方。其结构如下：

借方	成本类账户	贷方
本期增加发生额	本期减少发生额	
本期增加发生额合计	本期减少发生额合计	

4. 损益类账户的结构

损益类账户按反映的具体内容不同，可分为收入类账户和费用类账户。其中：收入类账户中，贷方登记增加，借方登记减少；费用类账户中，借方登记增加，贷方登记减少。由于损益类账户核算的内容是企业一定会计期间所取得的收益和发生的费用，为计算损益，期末需要将两者配比，转为利润。因此，期末时，损益类账户一般没有余额。损益类账户结构如下：

借方	收入类账户	贷方
本期减少发生额	本期增加发生额	
本期减少发生额合计	本期增加发生额合计	

借方	费用类账户	贷方
本期增加发生额		本期减少发生额
本期增加发生额合计		本期减少发生额合计

综上所述,可将各类账户结构归纳如下:

借方	账户名称	贷方
资产的增加		资产的减少
负债的减少		负债的增加
所有者权益的减少		所有者权益的增加
收入的减少		收入的增加
成本费用的增加		成本费用的减少

(三) 记账规则

记账规则是进行会计记录和检查账簿登记是否正确的依据和规律。运用借贷记账法记录各项经济业务时,可以总结出一定的规则,下面举例进行分析,说明借贷记账法的记账规则(为方便,不考虑各账户的期初余额)。

【例3-7】 5日,以银行存款购进原材料2 000元。

这项经济业务的发生,一方面使单位的原材料这一资产项目增加了2 000元,另一方面使单位的银行存款这一资产项目减少了2 000元。因此,这项经济业务涉及"原材料"和"银行存款"这两个账户。资产的增加,应记在"原材料"账户的借方;资产的减少,应记在"银行存款"账户的贷方。用"T"形账户表示如下:

借方	银行存款	贷方	借方	原材料	贷方
		2 000	2 000		

【例3-8】 10日,向银行借入短期借款100 000元偿还前欠外单位货款。

这项经济业务的发生,一方面使单位的短期借款这一负债项目增加了100 000元,另一方面使单位的应付账款这一负债项目减少了100 000元。因此,这项经济业务涉及"短期借款"和"应付账款"这两个账户。负债的增加,应记在"短期借款"账户的贷方;负债的减少,应记在"应付账款"账户的借方。用"T"形账户表示如下:

借方	短期借款	贷方	借方	应付账款	贷方
		100 000	100 000		

【例3-9】 15日,从外单位赊购一批原材料,金额为50 000元。

这项经济业务的发生,一方面使单位的原材料这一资产项目增加了50 000元,另一方面使单位的应付账款这一负债项目也相应地增加了 50 000 元。因此,这项经济业务涉及"原材料"和"应付账款"这两个账户。资产的增加,应记在"原材料"账户的借方;负债的增加,应记在"应付账款"账户的贷方。用"T"形账户表示如下:

借方	应付账款	贷方	借方	原材料	贷方
		50 000	50 000		

【例 3-10】 20 日,以银行存款偿还银行短期借款 80 000 元。

这项经济业务的发生,一方面使单位的银行存款这一资产项目减少了 80 000 元,另一方面使单位的短期借款这一负债项目减少了 80 000 元。因此,这项经济业务涉及"银行存款"和"短期借款"这两个账户。资产的减少,应记在"银行存款"账户的贷方;负债的减少,应记在"短期借款"账户的借方。用"T"形账户表示如下:

借方	银行存款	贷方	借方	短期借款	贷方
		80 000	80 000		

综合以上四大类型的经济业务,可以看出,所有经济业务的发生,都是有借方必有贷方的,而且记入借方的金额同记入贷方的金额必须相等。因此,借贷记账法的记账规则,可以概括为:有借必有贷,借贷必相等。

四、会计分录

1. 账户的对应关系

对各项经济业务运用借贷记账法在有关账户中进行登记,从而在有关账户之间就形成了应借、应贷的相互关系。账户之间的这种相互关系,称为账户的对应关系。存在对应关系的账户称为对应账户。例如,用现金 5 000 元购买原材料,就要在"原材料"账户的借方和"库存现金"账户的贷方进行记录。这样"原材料"与"库存现金"账户就发生了对应关系,这两个账户也就成了对应账户。掌握账户的对应关系很重要,通过账户的对应关系我们可以全面了解经济业务的来龙去脉,可以检查经济业务的账务处理是否正确合理。如上例,看"库存现金"的贷方,就可知其减少,从其对应账户,就可知其减少去向。同样,看"原材料"的借方,就可知其增加,从其对应账户可知其增加的来源或原因。若将两者结合对照,就可以知道其经济业务是现金购买了原材料。

2. 会计分录

会计分录简称分录,是指对某项经济业务事项标明其应借、应贷账户及其金额的记录。一笔会计分录主要包括账户名称(会计科目)、记账符号和变动金额三个要素。

会计分录的一般格式为:

(1) 先借后贷,借贷分行写,即上借下贷;

(2) 借贷要错开,表明借方在左,贷方在右;

(3) 金额前不加"¥",后不带"元"字。

以例 3-7 到例 3-10 为例,编制会计分录如下:

【例 3-7】 5 日,以银行存款购进原材料 2 000 元。

借:原材料　　　　　　2 000
　　贷:银行存款　　　　　2 000

【例 3-8】 10 日,向银行借入短期借款 100 000 元偿还前欠外单位货款。

借:应付账款　　　　　100 000
　　贷:短期借款　　　　　100 000

【例 3-9】 15 日,从外单位赊购一批原材料,金额为 50 000 元。

借:原材料　　　　　　50 000
　　贷:应付账款　　　　　50 000

【例 3-10】 20 日,以银行存款偿还银行短期借款 80 000 元。

借:短期借款　　　　　80 000
　　贷:银行存款　　　　　80 000

在编制会计分录时,我们可以按以下步骤进行。

(1) 一项经济业务发生后,首先分析这项业务涉及的账户名称,其变化是增还是减。

(2) 判断应记账户的性质,按账户的结构确定应记入有关账户的借方还是贷方。

(3) 依据借贷记账法的记账规则,确定应记入每个账户的金额。

(4) 分录编好后,应检查分录中应借应贷科目是否正确,借贷方金额是否相等,有无错误。

会计分录分为简单分录与复合分录两种。简单分录只有一借一贷,就是以一个账户的借方和另一个账户的贷方相对应的会计分录。上面的例子都是简单分录。复合分录是一借多贷或一贷多借,就是以一个账户的借方与另外几个账户的贷方,或者是以一个账户的贷方与另外几个账户的借方相对应组成的会计分录。

【例 3-11】 12 日,购买原材料一批,价值 98 000 元,其中银行存款支付 48 000 元,其余款项尚未支付。

该项业务涉及资产类账户的"原材料"账户、"银行存款"账户和负债类账户的"应付账款"账户,编制复合会计分录如下:

借:原材料　　　　　　98 000
　　贷:银行存款　　　　　48 000
　　　　应付账款　　　　　50 000

注意:实际工作中,也可以编制多借多贷的复合分录,但不允许将多项经济业务合并编制。

工作任务 2　试算平衡

为了检验一定时期内所发生经济业务在账户中记录的正确性,在会计期末应进行账户试算平衡。试算平衡是指在某一时日(如会计期末),根据资产与权益的恒等关系以及借贷记账法的记账规则,检查所有账户记录是否正确的过程。

借贷记账法的试算平衡有两种具体方式,即发生额试算平衡法和余额试算平衡法。

一、发生额试算平衡法

发生额试算平衡法是利用"有借必有贷、借贷必相等"的记账规则来检验本期发生额记录是否正确的一种方法。

借贷记账法的记账规则决定了每笔会计分录的借贷发生额必然相等,即每笔会计分录的借方发生额必须等于贷方发生额,即把本期所有账户的借方发生额相加必然等于本期所有账户的贷方发生额之和。这种平衡关系用公式表示为:

本期全部账户借方发生额合计＝本期全部账户贷方发生额合计

在实际工作中,本项工作是通过编制"发生额试算平衡表"进行的,如表 3-3 所示。

表 3-3　发生额试算平衡表　　　　　　　　单位:元

账户名称	本期发生额	
	借方	贷方
…	A_1	B_1
…	A_2	B_2
⋮	⋮	⋮
…	A_n	B_n
合计	$A_1+A_2+\cdots+A_n$	$B_1+B_2+\cdots+B_n$

注意:表 3-3 中,$A_1+A_2+\cdots+A_n=B_1+B_2+\cdots+B_n$。

以例 3-7 到例 3-10 为例,编制发生额试算平衡表,如表 3-4 所示:

表 3-4　发生额试算平衡表(例 3-7 到例 3-10)　　　单位:元

账户名称	本期发生额	
	借方	贷方
银行存款		82 000
原材料	52 000	
短期借款	80 000	100 000
应付账款	100 000	50 000
合计	232 000	232 000

二、余额试算平衡法

余额试算平衡法是利用"资产＝负债＋所有者权益"的平衡原理来检验本期余额记录是否正确的一种方法。

资产类账户的期末余额一般在借方,负债和所有者权益账户的期末余额一般在贷方,按照会计等式"资产＝负债＋所有者权益"的平衡关系推导,全部账户的期末借方余额之和必然等于全部账户的期末贷方余额之和。这种平衡关系用公式表示为:

全部账户的期末借方余额合计＝全部账户的期末贷方余额合计

在实际工作中,本项工作是通过编制"余额试算平衡表"进行的,如表 3-5 所示:

表 3-5　余额试算平衡表　　　　　　　　　　　　　　　　单位:元

账户名称	期末余额	
	借方	贷方
…	M_1	
…	M_2	
⋮	⋮	
…	M_n	
…		N_1
…		N_2
⋮		⋮
…		N_n
合计	$M_1+M_2+\cdots+M_n$	$N_1+N_2+\cdots+N_n$

⚠ **注意**:表 3-5 中,$M_1+M_2+\cdots+M_n = N_1+N_2+\cdots+N_n$。

在实际工作中,也可将发生额及余额试算平衡表合并编表,如表 3-6 所示:

表 3-6　发生额及余额试算平衡表　　　　　　　　　　　　　　　单位:元

账户名称	期初余额		本期发生额		期末余额	
	借方	贷方	借方	贷方	借方	贷方
…						
…						
…						
…						
…						
…						
…						
合计	X	X	Y	Y	Z	Z

应该指出的是:如果试算平衡表中借贷方不平衡,则账户记录或计算一定有误,我们应查找原因并予以更正,直到实现平衡为止;如果试算平衡表中的借贷方平衡,也不能肯定记账完全没有错误,因为有些记账错误并不影响借贷方的平衡。例如:

(1) 漏记某项经济业务,使本期借贷双方的发生额发生等额减少,借贷双方仍然平衡;

(2) 重记某项经济业务,使本期借贷双方的发生额发生等额虚增,借贷双方仍然平衡;

(3) 某项经济业务记错有关账户,借贷双方仍然平衡;

(4) 某项经济业务在账户记录中,颠倒了记账方向,借贷双方仍然平衡;

(5) 借方或贷方发生额中,偶然发生多记少记并相互抵消,借贷双方仍然平衡。

【例3-12】 某企业月初期初余额表如表3-7所示。

表3-7 某企业月初期初余额表　　　　　　　　单位:元

账户名称	期初余额	
	借方	贷方
库存现金	2 000	
银行存款	46 000	
库存商品	17 200	
原材料	24 000	
生产成本	12 000	
固定资产	200 000	
短期借款		20 000
应付账款		11 200
实收资本		210 000
资本公积		60 000
合计	301 200	301 200

本月发生下列经济业务。
(1) 以银行存款购买材料一批,价值12 000元,材料已验收入库。
借:原材料　　　　　　12 000
　　贷:银行存款　　　　12 000
(2) 从银行提取现金1 200元备用。
借:库存现金　　　　　1 200
　　贷:银行存款　　　　1 200
(3) 向银行借入短期借款10 000元,归还前欠甲公司的货款。
借:应付账款　　　　　10 000
　　贷:短期借款　　　　10 000
(4) 生产产品领用材料4 000元。
借:生产成本　　　　　4 000
　　贷:原材料　　　　　4 000
(5) 收到投资者投入的设备一台,价值100 000元。
借:固定资产　　　　　100 000
　　贷:实收资本　　　　100 000
月末编制发生额及余额试算平衡表,如表3-8所示。

表 3-8　发生额及余额试算平衡表(例 3-12)　　　　　　　　　　　　　　　单位:元

账户名称	期初余额		本期发生额		期末余额	
	借方	贷方	借方	贷方	借方	贷方
库存现金	2 000		1 200		3 200	
银行存款	46 000			13 200	32 800	
库存商品	17 200				17 200	
原材料	24 000		12 000	4 000	32 000	
生产成本	12 000		4 000		16 000	
固定资产	200 000		100 000		300 000	
短期借款		20 000		10 000		30 000
应付账款		11 200	10 000			1 200
实收资本		210 000		100 000		310 000
资本公积		60 000				60 000
合计	301 200	301 200	127 200	127 200	401 200	401 200

一、单项选择题

1. 会计科目是指对(　　)的具体内容进行分类核算的项目。
   A. 会计主体　　B. 会计要素　　C. 会计科目　　D. 会计信息
2. 总分类账户是指根据(　　)设置的,用于对会计要素具体内容进行总括分类核算的账户。
   A. 总分类科目　　B. 会计主体　　C. 会计科目　　D. 明细分类科目
3. 会计科目按(　　)不同,可以分为总分类科目和明细分类科目。
   A. 会计要素　　　　　　　　　　B. 用途和结构
   C. 核算的经济内容　　　　　　　D. 提供核算指标的详细程度
4. 我国《企业会计准则》规定,会计记账采用(　　)。
   A. 复式记账法　　B. 单式记账法　　C. 借贷记账法　　D. 以上均可
5. 借贷记账法的记账规则是(　　)。
   A. 有借必有贷,借贷必相等　　　　B. 有增必有减,增减必相等
   C. 有收必有付,收付必相等　　　　D. 以上均对
6. 借贷记账法的理论依据是(　　)。
   A. 复式记账法　　　　　　　　　　B. 资产=负债+所有者权益
   C. 有借必有贷,借贷必相等　　　　D. 借贷平衡
7. 某企业销售产品一批,收到货款 60 000 元,尚有 20 000 元未收到货款。该项业务正确的会计分录是(　　)。

A. 借：银行存款　　　　　60 000　　　　B. 借：主营业务收入　　　60 000
　　贷：主营业务收入　60 000　　　　　　　贷：银行存款　　　　60 000
C. 借：银行存款　　　　　60 000　　　　D. 借：银行存款　　　　　60 000
　　应收账款　　　　　20 000　　　　　　　应收账款　　　　　20 000
　　贷：主营业务收入　80 000　　　　　　　贷：库存商品　　　　80 000

8. 某企业本期期初资产总额为 260 000 元，本期期末负债总额比期初减少 20 000 元，期末所有者权益比期初增加 50 000 元。则该企业本期期末资产总额为（　　）元。
A. 260 000　　　　B. 290 000　　　　C. 230 000　　　　D. 190 000

9. 某资产类账户，借方期初余额为 8 700 元，贷方本期发生额为 13 000 元，借方期末余额为 14 000 元，该账户的借方本期发生额应为（　　）。
A. 18 300　　　　B. 9 700　　　　C. 7 700　　　　D. 35 700

10. 某企业月初有应收账款 180 万元，本月赊销产品一批，售价 130 万元，收回以前甲工厂所欠的 168 万元，则月末"应收账款"的余额为（　　）。
A. 借方 142 万元　　B. 贷方 142 万元　　C. 借方 118 万元　　D. 贷方 118 万元

11. 销售员小李出差，向财务科预借差旅费 500 元，该业务应（　　）。
A. 借记"管理费用"500 元　　　　　　B. 借记"预付账款"500 元
C. 贷记"其他应收款"500 元　　　　　D. 借记"其他应收款"500 元

12. 某公司 6 月份计算应发放职工工资 15 000 元，其中销售人员工资 10 000 元，管理人员工资 5000 元，其会计分录为（　　）。
A. 借：销售费用　　　　10 000　　　　B. 借：销售费用　　　　15 000
　　管理费用　　　　　5 000　　　　　　　贷：应付职工薪酬　15 000
　　贷：应付职工薪酬　15 000
C. 借：管理费用　　　　15 000　　　　D. 借：营业成本　　　　15 000
　　贷：银行工资　　　15 000　　　　　　　贷：银行工资　　　15 000

13. "应付账款"账户期初贷方余额为 35 400 元，本期贷方发生额为 26 300 元，本期借方发生额为 17 900 元，该账户期末余额为（　　）元。
A. 借方 43 800 元　　B. 借方 27 000 元　　C. 贷方 43 800 元　　D. 贷方 27 000 元

14. "预付账款"账户的期末余额等于（　　）。
A. 期初余额＋本期借方发生额－本期贷方发生额
B. 期初余额－本期借方发生额－本期贷方发生额
C. 期初余额＋本期借方发生额＋本期贷方发生额
D. 期初余额－本期借方发生额＋本期贷方发生额

二、多项选择题

1. 下列说法中，正确的是（　　）。
A. 会计科目是根据账户开设的　　　　B. 会计科目和账户所反映的经济内容是相同的
C. 会计科目就是账户名称　　　　　　D. 账户是分类核算经济业务的工具

2. 会计科目的设置原则包括（　　）。
A. 实用性　　　　B. 相关性　　　　C. 合法性　　　　D. 真实性

3. 下列错误中，不能通过试算平衡发现的是（　　）。

A. 某项经济业务重复入账或未入账　　B. 应借应贷的账户中借贷方向颠倒
C. 借贷双方同时多计了相等金额　　D. 借贷双方一方多计金额,另一方少计金额

4. 借贷记账法中,登记账户的贷方有(　　)。
A. 资产减少　　　B. 负债增加　　　C. 收入增加　　　D. 费用增加

5. 某企业月末编制试算平衡表时,因漏算一个账户,计算的月末借方余额合计为 150 000 元,月末贷方余额合计为 180 000 元,则漏算的账户(　　)。
A. 为借方余额　　　　　　　　　　B. 为贷方余额
C. 余额为 15 000 元　　　　　　　　D. 余额为 30 000 元

6. 与单式记账法相比,复式记账法所具有的显著优点是(　　)。
A. 能够全面反映经济业务内容和资金运动的来龙去脉
B. 能够直观地反映资金的增减变化
C. 能够进行试算平衡,检查账户记录是否正确
D. 能够防止一切错弊

模块 3　填制记账凭证

工作任务 1　如何填制记账凭证

一、记账凭证的基本内容

记账凭证是会计人员根据审核无误的原始凭证填制的,用来记录经济业务的基本内容,确定会计分录的载体,是登记账簿的依据。

由于原始凭证只表明经济业务的内容,而且种类繁多、数量庞大、格式不一,因而不能直接记账。为了做到分类反映经济业务的内容,必须按会计核算方法的要求,将其归类、整理、编制记账凭证,标明经济业务应记入的账户名称及应借应贷的金额,作为记账的直接依据。所以,记账凭证必须具备以下内容:

(1) 记账凭证的名称;
(2) 填制凭证的日期、凭证编号;
(3) 经济业务的内容摘要;
(4) 经济业务应记入账户的名称、记账方向和金额;
(5) 所附原始凭证的张数;
(6) 会计主管、记账、复核、出纳、制单等有关人员签名或盖章。

记账凭证和原始凭证同属于会计凭证,但二者存在以下不同:原始凭证由经办人员填制,记账凭证一律由会计人员填制;原始凭证根据发生或完成的经济业务填制,记账凭证根据审核后

的原始凭证填制；原始凭证仅用以记录、证明经济业务已经发生或完成，记账凭证要依据会计科目对已经发生或完成的经济业务进行归类、整理；原始凭证是填制记账凭证的依据，记账凭证是登记账簿的依据。

二、记账凭证的种类

记账凭证按内容不同，分为专用记账凭证和通用记账凭证。其中，专用记账凭证又分为收款凭证、付款凭证、转账凭证三种。

1. 收款凭证

收款凭证是专门用于记录现金和银行存款收款业务的记账凭证。收款凭证按现金和银行存款可分为现金收款凭证和银行存款收款凭证。收款凭证格式如图 3-4 所示。

收　款　凭　证

字第　号

年　月　日　　借方科目：________

摘要	贷方		金额											✓
	总账科目	明细科目	亿	千	百	十	万	千	百	十	元	角	分	
合计														

附单据　张

会计主管：　记账：　出纳：　复核：　制单：

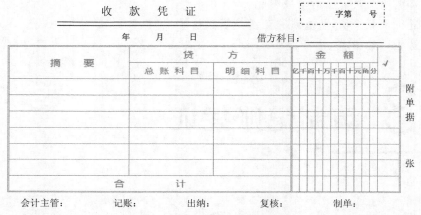

图 3-4　收款凭证

2. 付款凭证

付款凭证是专门用于记录现金和银行存款付款业务的记账凭证。付款凭证按现金和银行存款可分为现金付款凭证和银行存款付款凭证。付款凭证格式如图 3-5 所示。

付　款　凭　证

字第　号

年　月　日　　贷方科目：________

摘要	借方		金额											✓
	总账科目	明细科目	亿	千	百	十	万	千	百	十	元	角	分	
合计														

附单据　张

会计主管：　记账：　出纳：　复核：　制单：

图 3-5　付款凭证

3. 转账凭证

转账凭证是专门用于记录不涉及现金和银行存款收付款业务的记账凭证。转账凭证格式如图 3-6 所示。

图 3-6 转账凭证

4. 通用记账凭证

实际工作中,货币资金的管理是财会人员的一项重要工作。为了单独反映货币资金收付情况,在货币资金收付业务量较多的单位,往往对货币资金的收付业务编制专用的收、付款凭证。有些经济业务简单或收、付款业务不多的单位,可以使用一种通用格式的记账凭证。这种通用记账凭证既可用于收、付款业务,又可用于转账业务,所以称为通用记账凭证。

通用记账凭证是指不分经济业务类型,对全部经济业务都采用统一格式的记账凭证。通用记账凭证的格式如图 3-7 所示。

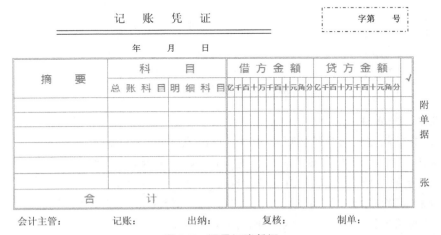

图 3-7 通用记账凭证

三、记账凭证的填制

1. 收款凭证的填制

(1) 在收款凭证的右上角"借方科目"处,按收款的性质填写"库存现金"或"银行存款"。

(2) 在" 年 月 日"处,填写编制凭证的当天日期;在" 字第 号"处的"字"前,填写"现收"或"银收"字样,在"号"字前,填写收款凭证的序号,要求连续编号,若涉及多张收款凭证的同一项业务,编号采用分数编号法。例如有一项经济业务需要填制三张记账凭证,凭证顺序号为6,就可以编成 6 1/3、6 2/3、6 3/3,前面的数表示凭证顺序,后面分数的分母表示该号凭证共有三张,分子表示三张凭证中的第一张、第二张、第三张。

(3) "摘要"应用简明扼要的语言概括经济业务的内容。

(4) 在"贷方"科目栏内填写与"库存现金"或"银行存款"科目相对应的总账科目及所属明细科目;在"金额"栏对应"总账科目"和"明细科目"所在行次填写本科目金额;在"合计"栏,填写所涉及金额的合计数,并注明货币符号;在合计金额前货币符号的左上角与最后一个科目金额"分"位右下角之间的空白处,用斜线注销。

(5) 收款凭证上的"√"是方便记账人员在根据收款凭证登记有关账簿后做记号用的,防止经济业务事项的重记或漏记;凭证右边"附单据 张"的"张"字上方填写所附原始凭证的张数。

(6) 凭证最下方有关人员签章处供有关人员在履行了责任后签名或签章,以明确经济责任。

【例3-13】 某企业20××年6月2日收到蓝天公司偿还所欠货款10 000元,存入银行。根据这项经济业务的原始凭证填制的收款凭证如图3-8所示。

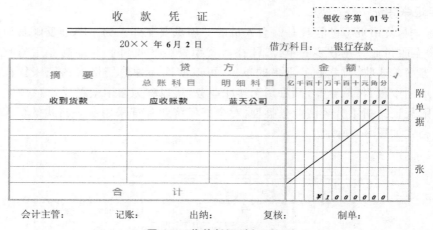

图3-8 收款凭证(例3-13)

2. 付款凭证的填制

付款凭证的填制方法与收款凭证的基本相同,区别在于以下两点。

(1) 付款凭证的右上角是"贷方科目",应按付款的性质填写"库存现金"或"银行存款"。

(2) 在" 字第 号"处的"字"前,填写"现付"或"银付"字样。

【例3-14】 某企业20××年8月1日以现金支付行政管理部门办公用品费300元。根据这项经济业务的原始凭证填制的付款凭证如图3-9所示。

⚠ **注意**:会计实务中,对于现金和银行存款之间的收付款业务,为了避免记账重复,一般只编制付款凭证,不编制收款凭证。

【例3-15】 某企业20××年8月3日出纳到银行提取备用金30 000元。根据这项经济业务的原始凭证填制的付款凭证如图3-10所示。

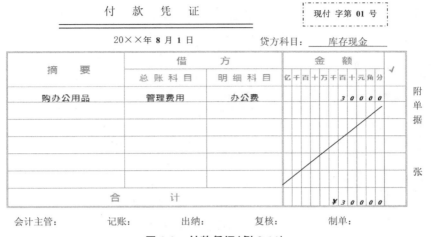

图 3-9 付款凭证（例 3-14）

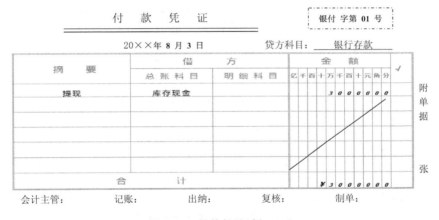

图 3-10 付款凭证（例 3-15）

3. 转账凭证的填制

（1）在转账凭证右上角" 字第 号"处的"字"前，填写"转"字样。

（2）转账凭证的会计科目栏应按照先借后贷的顺序分别填写应借应贷的总账科目及所属的明细科目；借方总账科目及所属明细科目的应记金额，应在与科目同一行的"借方金额"栏内相应栏次填写，贷方总账科目及所属明细科目的应记金额，应在与科目同一行的"贷方金额"栏内相应栏次填写；"合计"行分别填写借、贷方所涉及金额的合计数，并注明货币符号。

注意：转账凭证上借方金额合计数与贷方金额合计数应相等。

【例 3-16】 某企业 20××年 8 月 10 日从东方公司赊购回一批甲材料，金额为 50 000 元。根据这项经济业务的原始凭证填制的转账凭证如图 3-11 所示。

4. 通用记账凭证的填制

通用记账凭证的填制方法与转账凭证的填制方法基本相同，此处不再赘述。

再例 3-15，根据这项经济业务的原始凭证填制的记账凭证如图 3-12 所示。

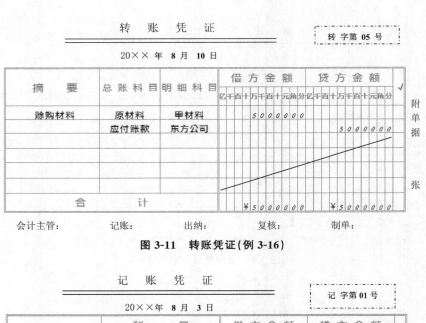

图 3-11　转账凭证(例 3-16)

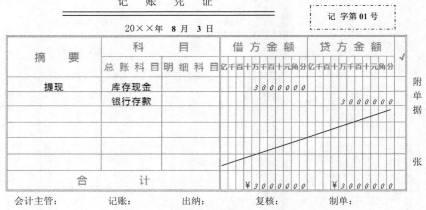

图 3-12　通用记账凭证(例 3-15)

说明：后续应用中我们都将采用通用记账凭证格式。

四、记账凭证的填制要求

填制记账凭证是一项重要的会计工作，为了便于登记账簿，保证账簿记录的正确性，填制记账凭证应符合以下要求。

1. 依据真实

除结账和更正错误外，记账凭证必须附有原始凭证。记账凭证所附原始凭证张数的计算一般应以原始凭证的自然张数为准。如果记账凭证后附有原始凭证汇总表，则应该把所附的原始凭证和原始凭证汇总表的张数一起记入附件的张数之内。但报销差旅费等零散票券，可以粘贴在一张纸上，作为一张原始凭证。一张原始凭证如果涉及几张记账凭证的，可以将原始凭证附在一张主要的记账凭证后面，在该主要记账凭证摘要栏注明"本凭证附件包括××号记账凭证业务"字样，并在其他记账凭证上注明该主要记账凭证的编号或者附上该原始凭证的复印件，以便复核查阅。如果一张原始凭证所列的支出需要由两个以上的单位共同负担，应当由保存该原始凭证的单位开出原始凭证分割单给其他应负担单位,原始凭证分割单必须具备原始凭证的基本内容:凭证名称、填制凭证日期、填制凭证单位名称或者填制人姓名、经办人的签名或盖章、接受凭证单位名称、经济业务内容、数量、单价、金额和费用分摊情况等。

2．内容完整

记账凭证应具备的内容都要逐一填写清楚、完整,有关人员的签名或盖章要齐全,不可缺漏。金额栏数字的填写必须规范、准确,与所附原始凭证的金额相符。金额登记方向、数字必须正确,角分位不留空格。

3．分类正确

填制记账凭证,要根据经济业务的内容,区别不同类型的原始凭证,正确应用会计科目和记账凭证。记账凭证可以根据每一张原始凭证填制,或者根据若干张同类原始凭证汇总填制,也可以根据原始凭证汇总表填制,但不得将不同内容或类别的原始凭证汇总填制在一张记账凭证上。各种记账凭证的使用格式应相对稳定,特别是在同一会计年度内,不宜随意更换,以免引起编号、装订、保管方面的不便与混乱。

4．日期正确

记账凭证的填制日期一般应填制记账凭证当天的日期,不能提前或拖后。

5．连续编号

为了分清会计事项处理的先后顺序,以便记账凭证与会计账簿之间的核对,确保记账凭证完整无缺,填制记账凭证时,应当对记账凭证连续编号。记账凭证编号的方法有多种:一种是将全部记账凭证作为一类统一编号;另一种是分别按现金和银行存款收入业务、现金和银行付出业务、转账业务三类进行编号,这样记账凭证的编号应分为收字第×号、付字第×号、转字第×号;还有一种是分别按现金收入、现金支出、银行存款收入、银行存款支出和转账业务五类进行编号,这种情况下,记账凭证的编号应分为现收字第×号、现付字第×号、银收字第×号、银付字第×号和转字第×号。各单位应当根据本单位业务繁简程度、会计人员多寡和分工情况来选择便于记账、查账、内部稽核、简单严密的编号方法。无论采用哪一种编号方法,都应该按月顺序编号,即每月都从1号编起,按自然数1、2、3、4、5……顺序编至月末,不得跳号、重号。

6．简明扼要

记账凭证的摘要栏是填写经济业务简要说明的,摘要应与原始凭证内容一致,能正确反映经济业务的主要内容,既要防止简而不明,又要防止过于烦琐。应能使阅读者通过摘要就能了解该项经济业务的性质、特征,判断出会计分录的正确与否,一般不需要再去翻阅原始凭证或询问有关人员。

7．分录正确

会计分录是记账凭证中重要的组成部分,在记账凭证中,要正确编制会计分录并保持借贷平衡,就必须根据国家统一会计制度的规定和经济业务的内容,正确使用会计科目,不得任意简化或改动。应填写会计科目的名称,或者同时填写会计科目的名称和会计科目编号,不应只填会计科目编号,不填会计科目名称。应填明总账科目和明细科目,以便于登记总账和明细分类账。会计科目的对应关系要填写清楚,应先借后贷,一般填制一借一贷、一借多贷或者多借一贷的会计分录。但如果某项经济业务本身就需要编制一个多借多贷的会计分录,也可以填制多借多贷的会计分录,以集中反映该项经济业务的全过程。填入金额数字后,要在记账凭证的合计行计算填写合计金额。记账凭证中借、贷方的金额必须相等,合计数必须计算正确。

8. 空行注销

填制记账凭证时,应按行次逐行填写,不得跳行或留有空行。记账凭证填完经济业务后,如有空行,应当划线注销。

9. 填错更改

填制记账凭证时如果发生错误,应当重新填制。已经登记入账的记账凭证发生错误的,应采用规定的更正方法。

记账凭证中,文字、数字和货币符号的书写要求,与原始凭证相同。实行会计电算化的单位,其机制记账凭证应当符合对记账凭证的基本要求,打印出来的机制凭证上,要加盖制单人员、审核人员、记账人员和会计主管人员印章或者签字,以明确责任。

工作任务 2　核算资金筹集业务

企业在成立之初,首先面临的问题就是合理组织资金。企业的资金来源主要有两条渠道:一是投资者的投入,二是从金融机构或其他单位借入资金。投资者投入的资金一般不需归还,但需支付股利;借入的资金需还本付息。企业接受投资,属于权益融资;企业通过借款来满足生产经营活动的资金需求,属于负债融资。

一、权益融资业务

(一) 投入资金的分类

(1) 投入资金根据主体的不同,可分为国家投入形成的国家资本金,其他企业单位投入的法人资本金,个人(包括企业职工)投入的个人资本金,外国及中国的港、澳、台地区投入的外商资本金。

(2) 投入资金根据形态的不同,可分为货币资金投资、实物投资、无形资产投资、有价证券投资等。

(二) 投入资金的入账价值

企业收到投资者投入的资本金,应按照投资协议或投资合同约定的金额入账。

(1) 以货币资金投入的,应按实际收到的或存入企业银行账户的金额作为实际收到资本金的入账价值,对于实际收到的或存入企业银行账户的金额超过其在注册资本或股本中所占的份额部分,不应作为实收资本入账价值,而应记入资本公积。

(2) 以实物或无形资产投入的,应以投资各方确认的协议或合同价作为价值入账,超出其在注册资本或股本中所占的份额部分,记入资本公积。

(三) 账户设置

1. "实收资本"("股本")账户

股份有限公司应设置"股本"账户,其他各类企业应设置"实收资本"账户。"实收资本"("股本")账户属于所有者权益类账户,用来核算企业接受投资者投入企业的资本额。其贷方核算企业收到投资者符合注册资本的出资额,借方核算企业按法定程序报经批准减少的注册资本额,期末余额在贷方,表示期末资本的实有数。该账户可按不同的投资者设置明细账,进行明细核算。

2. "资本公积"账户

"资本公积"账户属于所有者权益类账户,用来核算企业收到投资者出资超出其在注册资本

(或股本)中所占的份额以及直接计入所有者权益的利得和损失等。其贷方核算资本公积的增加,借方核算资本公积的减少或转出,期末余额在贷方,反映企业资本公积的余额。该账户可设置"资本溢价"或"股本溢价""其他资本公积"等明细账,进行明细核算。

3. "固定资产"账户

"固定资产"账户属于资产类账户,用来核算企业持有的固定资产的原始价值。固定资产指为生产产品、提供劳务、出租或经营管理而持有的,使用寿命超过一个会计年度,并在使用过程中始终保持其原有实物形态,单位价值较高的资产。固定资产包括房屋、建筑物、机器、机械、运输工具,以及其他与生产、经营有关的设备、器具、工具等。该账户借方核算企业增加固定资产的原始价值,贷方核算企业减少固定资产的原始价值,期末余额在借方,反映企业实有固定资产的原始价值。该账户可按固定资产的类别和项目设置明细账,进行明细核算。

4. "无形资产"账户

"无形资产"账户属于资产类账户,用来核算企业持有的无形资产的成本。无形资产指企业拥有或控制的没有实物形态的可辨认非货币性资产。无形资产包括专利权、非专利技术、商标权、著作权、特许权、土地使用权等。该账户借方核算企业取得无形资产的实际成本,贷方核算企业减少无形资产的实际成本,期末余额在借方,反映企业持有无形资产的期末实际成本。该账户可按无形资产的项目设置明细账,进行明细核算。

(四)业务核算

【例3-17】 20××年1月2日,本企业接受A公司投入现金500 000元,款项已存入本企业工商银行账户。

分析:本企业接受投资者投入资金,获得一笔银行存款,即"银行存款"增加,记借方;同时,本企业接受投资者投入的资本增加,即"实收资本"增加,记贷方。本企业会计人员应根据业务内容编制记账凭证,如图3-13所示。

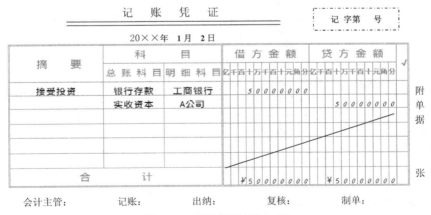

图3-13 记账凭证(例3-17)

【例3-18】 20××年1月5日,本公司接受B公司投资600 000元,其中收到转账支票一张,金额为400 000元,存入工商银行账户;收到机器设备150 000元;收到专利权一项50 000元。

分析:本企业接受B公司投入的货币资金,获得一笔银行存款,"银行存款"增加,记借方;接受B公司投入的机器设备,导致"固定资产"增加,记借方;接受B公司投入的专利技术,导致"无形资产"增加,记借方;同时,本企业接受B公司投入的资本增加,即"实收资本"增加,记贷方。本企业会计人员应根据业务内容编制记账凭证,如图3-14所示。

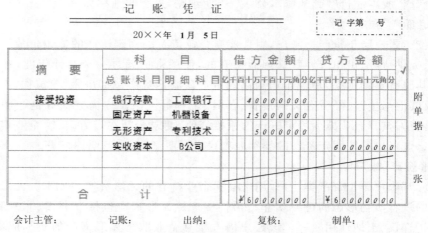

图3-14 记账凭证(例3-18)

【例3-19】 20××年1月1日,A、B、C三位投资者出资组建甲有限责任公司,注册资本为3 000 000元,A、B、C出资比例分别为50%、30%、20%,公司如期收到款项。

分析:公司如期收到款项,"银行存款"增加,记借方;同时,公司收到A、B、C三位投资者的投资,"实收资本"增加,记贷方。其中,A投资者投入资本=300万元×50%=150万元,B投资者投入资本=300万元×30%=90万元,C投资者投入资本=300万元×20%=60万元。公司会计人员应根据业务内容编制记账凭证,如图3-15所示。

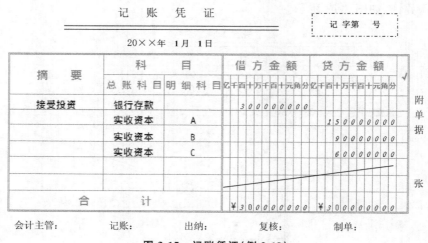

图3-15 记账凭证(例3-19)

二、负债融资业务

(一)借入资金的分类

企业从银行或其他金融机构借入的资金,按照借款期限的长短分为短期借款和长期借款。

无论是短期借款还是长期借款,在借款过程中,都必须按照贷款单位借款规定办理借款手续,并按借款协议约定的利率承担支付利息及到期还款的义务。

(二)账户设置

1."短期借款"账户

"短期借款"账户属于负债类账户,用来核算企业借入的借款期限在一年以内(包括一年)的各种借款。其贷方核算企业取得短期借款的款项,借方核算归还短期借款的款项,期末余额在贷方,表示企业尚未归还的短期借款的本金。该账户可按债权人及借款种类设置明细账,进行明细核算。

2."长期借款"账户

"长期借款"账户属于负债类账户,用来核算企业借入的借款期限在一年以上(不含一年)的各种借款。其贷方核算企业取得长期借款本金和计提的长期借款利息,借方核算归还长期借款的本息,期末余额在贷方,表示企业尚未归还的长期借款本息。该账户可按债权人及借款种类设置明细账,进行明细核算。

3."应付利息"账户

"应付利息"账户属于负债类账户,用来核算企业按照合同约定应支付的利息。其贷方核算按照合同约定应支付的利息数,借方核算实际支付的利息数,期末余额在贷方,反映按照合同约定应支付但尚未实际支付的利息。该账户可按债权人设置明细账,进行明细核算。

4."财务费用"账户

"财务费用"账户属于损益类账户,用来核算企业为筹集生产经营资金而发生的各项费用。其借方核算发生的各项财务费用,贷方核算应冲减财务费用的利息收入、汇兑损益和期末结转到"本年利润"账户的金额,期末结转后无余额。该账户可按费用项目设置明细账,进行明细核算。

(三)业务核算

【例3-20】 20××年2月1日,本企业向银行借入期限为6个月的借款50 000元,年利率6%,借款到期一次还本付息。

(1)2月1日,取得借款时,"银行存款"增加,记借方;借款期限为6个月的"短期借款"增加,记贷方。本企业会计人员应根据业务内容编制记账凭证,如图3-16所示。

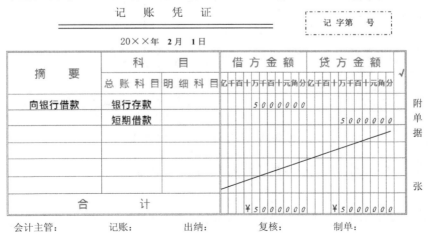

图3-16 记账凭证(例3-20(1))

(2) 2月28日,计算本月应负担的短期借款利息。该借款虽然到期支付利息,但是按照权责发生制原则,从借款开始的每个月都应当计提当月应负担的利息费用。本月计提的利息费用为 50 000×6‰÷12 元＝250 元。本企业会计人员应根据业务内容编制记账凭证,如图 3-17 所示。

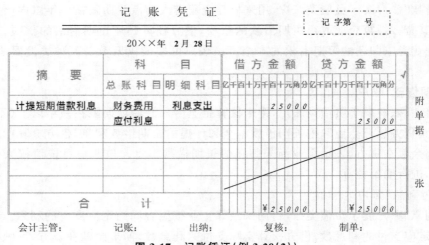

图 3-17 记账凭证(例 3-20(2))

说明:之后 5 个月,每月末都做同样的会计分录。

(3) 8月1日,借款到期,还本付息。本企业会计人员应根据业务内容编制记账凭证,如图 3-18 所示。

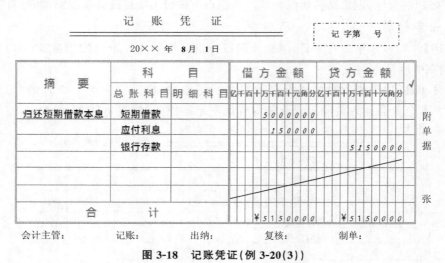

图 3-18 记账凭证(例 3-20(3))

【例 3-21】 20××年3月5日,接银行通知,本企业申请期限为三年的长期借款 500 000 元到账。

说明:实际工作中,对于发生的各类业务,会计人员应当根据业务内容编制记账凭证,但为了编写方便,我们以后将以会计分录代替。

借:银行存款　　　　　　500 000
　贷:长期借款　　　　　　　500 000

技能实训

资料:某企业20××年1月发生如下业务,请根据发生的业务填制记账凭证。

(1) 2日,收到A公司投入资金100 000元,存入银行。

(2) 5日,收到B公司投入机器设备一台,价值90 000元。

(3) 7日,收到C公司投入专利权一项,价值50 000元。

(4) 10日,企业从银行取得六年期借款300 000元。

(5) 30日,计提本月短期借款利息500元。

工作任务3　核算供应过程业务

企业筹集到资金后,就进入了生产的准备阶段,即供应过程。在这一过程中,企业主要是购建固定资产和采购为生产产品所需的各类材料。

一、固定资产购建业务

(一) 固定资产的入账成本

企业购建固定资产,应按其取得成本入账,即应按实际支付的买价、包装费、运杂费、交纳的有关税金以及使设备达到预定可使用状态的必要支出等入账。

(二) 账户设置

1.“在建工程”账户

"在建工程"账户属于资产类账户,用来核算企业基建、更新改造等在建工程发生的支出。其借方核算企业进行在建工程所发生的各项支出数,贷方核算在建工程达到预定可使用状态时转出的实际成本,期末余额在借方,表示企业尚未达到预定可使用状态的在建工程的成本。该账户可按建筑工程、安装工程、在安装设备等设置明细账,进行明细核算。

2.“固定资产”账户

"固定资产"账户属于资产类账户,用来核算企业持有的固定资产的原价。其借方核算固定资产原价的增加,贷方核算固定资产原价的减少,期末余额在借方,表示企业期末固定资产的原价。企业应当设置“固定资产登记簿”和“固定资产卡片”,按固定资产的类别、使用部门或项目设置明细账,进行明细核算。

3.“应交税费”账户

"应交税费"账户属于负债类账户,用来核算企业按照税法规定各种税费的应交、交纳等情况,包括增值税、消费税、所得税、资源税、土地增值税、城市维护建设税、房产税、城镇土地使用税、车船税、教育费附加、矿产资源补偿费等。其贷方核算新增应交而未交的税费,借方核算实际缴纳的税费,期末余额一般在贷方,表示企业应交但尚未交纳的税费,期末余额如为借方余额则表示企业多交或尚未抵扣的税费。该账户可按应交税费的税种设置明细账,进行明细核算。

⚠️**注意**:企业交纳的印花税、耕地占用税等不需要预计应交数的税金,不通过"应交税费"账户核算。

（三）业务核算

【例3-22】 3月12日,本企业购入不需安装的办公用设备一台,取得的增值税专用发票上注明的价款为20 000元,税率13%,增值税税额为2 600元,另支付包装费并取得增值税专用发票,注明包装费500元,税率6%,增值税税额为30元。企业开出转账支票一张,该设备已投入使用。

分析:编制会计分录如下：

借：固定资产　　　　　　　　　　　　　　20 500
　　应交税费——应交增值税（进项税额）　2 630
　　贷：银行存款　　　　　　　　　　　　23 130

【例3-23】 假设例3-22中购入的设备需要安装,支付安装费并取得增值税专用发票,注明安装费500元,税率9%,增值税税额为45元,以银行存款支付。

分析:购入的设备需要安装后才能使用,则购入的固定资产应先通过"在建工程"账户核算设备及安装成本。发生安装费用时,"在建工程"成本增加,同时,"银行存款"减少。编制会计分录如下：

(1)购进设备时：

借：在建工程　　　　　　　　　　　　　　20 500
　　应交税费——应交增值税（进项税额）　2 630
　　贷：银行存款　　　　　　　　　　　　23 130

(2)支付安装费时：

借：在建工程　　　　　　　　　　　　　　500
　　应交税费——应交增值税（进项税额）　45
　　贷：银行存款　　　　　　　　　　　　545

(3)设备安装完毕,投入使用时：

借：固定资产　　　　　　　　　　　　　　21 000
　　贷：在建工程　　　　　　　　　　　　21 000

⚠️**注意**:工程完工并结转后,"在建工程"账户期末余额应为零。

二、材料采购业务

原材料是指企业在生产过程中经过加工改变形态或性质并构成产品主要实体的各种原料、主要材料和外购半成品,以及不构成产品实体但有助于产品形成的辅助材料。原材料具体包括原料及主要材料、辅助材料、外购半成品（外购件）、修理用备件（备品备件）、包装材料、燃料等。

原材料的日常核算可以采用实际成本核算,也可以采用计划成本核算。采用实际成本核算,通常适用于材料收发业务较少的企业。对于材料收发业务较多并且计划成本资料较为健全、准确的企业,一般可以采用计划成本进行核算。这里我们只介绍原材料采用实际成本进行日常核算。

(一)原材料的采购成本
(1)买价。买价指购货发票所注明的货款金额,不包括增值税。
(2)采购过程中发生的运输费、包装费、装卸费、保险费、仓储费等。
(3)材料在运输途中发生的合理损耗。
(4)材料入库前发生的整理挑选费用。
(5)按规定应计入材料采购成本中的各种税金。
(6)其他费用。

注意:采购人员的差旅费及市内零星运杂费等不构成材料的采购成本。

(二)账户设置

1."在途物资"账户

"在途物资"账户属于资产类账户,用来核算企业购入尚在途中或虽已运达但尚未验收入库的材料、商品等物资的实际采购成本。其借方核算新增的在途物资的成本,贷方核算因验收入库而转入"原材料"账户的在途材料成本,期末余额在借方,表示尚未到达或尚未验收入库的在途物资的实际采购成本。该账户可按供应单位和物资品种设置明细账,进行明细核算。

2."原材料"账户

"原材料"账户属于资产类账户,用来核算企业库存的各种材料增减变动情况。其借方核算验收入库材料的实际成本,贷方核算发出材料的实际成本,期末余额在借方,表示企业库存材料的实际成本。该账户可按材料的保管地点(仓库)、类别、品种和规格等设置明细账,进行明细核算。

3."应付账款"账户

"应付账款"账户属于负债类账户,用来核算企业因购买材料、商品或接受劳务等应付给供应单位或提供劳务单位的款项。其贷方核算企业应付而未付的款项,借方核算企业实际归还的款项,期末余额一般在贷方,反映企业尚欠的应付未付款项。该账户可按债权人设置明细账,进行明细核算。

4."预付账款"账户

"预付账款"账户属于资产类账户,用来核算企业因购入材料、商品或接受劳务供应时,按照合同规定预付给供应单位的款项。其借方核算企业预付的款项,贷方核算企业收到货物时应付给供应单位的款项和退回多付的款项,期末余额一般在借方,反映企业实际预付的款项,期末余额如为贷方余额则反映企业尚未补付的款项。该账户可按供应单位设置明细账,进行明细核算。

对于预付账款业务不多的企业,也可不设置该账户,而在"应付账款"账户的借方反映企业预付的款项。

(三)业务核算

【**例3-24**】 4月10日,本企业从H公司购入甲材料3 000千克,每千克10元,价款30 000元,增值税税率13%,货款尚未支付,材料已验收入库。

分析：企业购入材料已验收入库，故"原材料"增加，同时，应缴纳的增值税进项税额为 30 000×13％元＝3 900 元；另一方面，货款尚未支付，导致"应付账款"增加。编制会计分录如下：

借：原材料——甲材料　　　　　　　　　30 000
　　应交税费——应交增值税（进项税额）　　3 900
　　贷：应付账款——H公司　　　　　　　　　33 900

【例3-25】 4月18日，本企业向G公司购入乙材料1 000千克，每千克3元，价款3 000元，丙材料5 000千克，每千克1元，价款5 000元，增值税税率13％，材料尚未验收入库，货款以转账支票支付。

分析：企业购入的材料尚未验收入库，故"在途物资"增加，同时，应缴纳的增值税进项税额为（3 000＋5 000）×13％元＝1 040 元；另一方面，货款已支付，"银行存款"减少。编制会计分录如下：

借：在途物资——乙材料　　　　　　　　3 000
　　　　　　——丙材料　　　　　　　　5 000
　　应交税费——应交增值税（进项税额）　　1 040
　　贷：银行存款　　　　　　　　　　　　9 040

【例3-26】 接上例，本企业用银行存款支付为购进上述乙、丙材料共同发生的运杂费600元。（按材料重量分配。）

分析：如果同时采购两种或两种以上的材料而发生的共同费用，应按照一定标准在有关材料之间进行分配，分别记入各种材料的采购成本。其中，可以将材料的重量、体积或买价的比例作为分配标准。

材料采购费用分配率＝待分配的采购费用总额/分配标准的合计
　　某材料应分配的采购费用＝该材料的分配标准×分配率

本例中，　　　　采购费用分配率＝600/(1 000＋5 000)＝0.1
则，　　　　乙材料应分配的采购费用＝1 000×0.1元＝100元
　　　　　　丙材料应分配的采购费用＝5 000×0.1元＝500元

各种材料分配的采购费用应记入材料的采购成本，因此"在途物资"增加，同时，"银行存款"（已支付）减少。编制会计分录如下：

借：在途物资——乙材料　　　　　　　　100
　　　　　　——丙材料　　　　　　　　500
　　贷：银行存款　　　　　　　　　　　　600

【例3-27】 4月28日，上述乙、丙材料收到并验收入库了。

分析：材料验收入库后，将"在途物资"全部转入"原材料"账户。编制会计分录如下：

借：原材料——乙材料　　　　　　　　3 100
　　　　　——丙材料　　　　　　　　5 500
　　贷：在途物资——乙材料　　　　　　3 100
　　　　　　　　——丙材料　　　　　　5 500

> **注意**：本期购入材料全部验收入库并结转后，"在途物资"账户期末余额应为零。

项目 3 记账凭证的填制与审核

【例 3-28】 5 月 7 日,本企业根据合同规定,向 K 公司预付丁材料货款 80 000 元,银行存款已支付。

借:预付账款——K 公司　　80 000
　　贷:银行存款　　　　　　　　80 000

【例 3-29】 5 月 25 日,上例中丁材料已收到并验收入库,从 K 公司取得的增值税专用发票上显示,丁材料 5 000 千克,每千克 15 元,价款 75 000 元,增值税款 9 750 元,共计 84 750 元。

①材料入库时:
借:原材料——丁材料　　　　　　　　　　　　　75 000
　　应交税费——应交增值税(进项税额)　　　　　9 750
　　贷:预付账款——K 公司　　　　　　　　　　　　84 750

②补付货款时:
借:预付账款——K 公司　　　　　　　　　　　　4 750
　　贷:银行存款　　　　　　　　　　　　　　　　　4 750

技能实训

资料:某企业 20×× 年 2 月发生如下业务,请根据发生的业务填制记账凭证。

(1) 1 日,银行存款支付某机器设备的安装费并取得增值税专用发票,注明安装费 2 000 元,税率 9%,增值税税额为 180 元,该设备尚未投入使用。

(2) 5 日,向 E 公司购进甲材料 2 000 千克,单价 10 元,乙材料 1 000 千克,单价 15 元,增值税税率 13%,货款用银行存款付清,材料未到。

(3) 7 日,现金支付上述材料运杂费共 900 元。(运费按材料重量进行分配。)

(4) 9 日,上述材料验收入库。

(5) 12 日,开出转账支票一张,用于支付前欠 F 公司材料款 30 000 元。

工作任务 4　核算生产过程业务

工业企业的生产过程是从投入材料到产品完工并验收入库的全过程。在这一过程中,将原材料加工成产品要发生一系列的耗费,一定时期内产品生产过程所发生的费用,称为生产费用。它包括的主要内容有:消耗的各种材料、支付给职工的薪酬、固定资产的折旧和因生产经营管理活动而发生的各项费用支出。工业企业的生产费用按一定种类的产品来归集,称为产品的生产成本或制造成本。

(一)账户设置

1. "生产成本"账户

"生产成本"账户属于成本类账户,用来核算企业为进行产品生产而发生的各项生产费用。其借方核算企业发生的应计入产品成本的各项生产费用,贷方核算完工入库产品的实际生产成本,期末余额在借方,反映企业尚未完工产品的生产成本。该账户可按成本核算对象设置明细账,进行明细核算。

2."制造费用"账户

"制造费用"账户属于成本类账户,用来核算企业生产管理部门为组织和管理生产而发生的各项间接费用,包括车间管理人员的工资和福利费,车间厂房和机器设备的折旧费、修理费,车间水电费、办公费,车间机器物料消耗、劳动保护费等。其借方核算实际发生的各项制造费用,贷方核算期末分配转入"生产成本"账户的数额,期末结转后无余额。该账户可按不同车间和费用项目设置明细账,进行明细核算。

3."应付职工薪酬"账户

"应付职工薪酬"账户属于负债类账户,用来核算企业根据有关规定应付职工的各种薪酬,包括:①职工工资、奖金、津贴和补贴;②职工福利费;③各项社会保险费(医疗、养老、失业、工伤、生育等保险费);④住房公积金;⑤工会经费和职工教育经费;⑥非货币性福利;⑦因解除与职工的劳动关系给予的补偿;⑧其他与获得职工提供的服务相关的支出。其贷方核算已分配应由本月负担但尚未支付的职工薪酬,借方核算本月实际发放的职工薪酬,包括扣还的款项等;期末余额在贷方,表示企业应付未付的职工薪酬。该账户可按"工资""职工福利费""社会保险费""住房公积金""工会经费""职工教育经费"等项目设置明细账,进行明细核算。

4."管理费用"账户

"管理费用"账户属于损益类账户,用来核算企业为组织和管理企业生产经营所发生的各项费用,包括企业在筹建期间内发生的开办费、董事会和行政管理部门在企业的经营管理中发生的或者应由企业统一负担的公司经费(包括行政管理部门职工工资及福利费、物料消耗、低值易耗品摊销、办公费和差旅费等)、工会经费、董事会费(包括董事会成员津贴、会议费和差旅费等)、聘请中介机构费、咨询费(含顾问费)、诉讼费、业务招待费、技术转让费、矿产资源补偿费、研究费用、排污费等。企业生产车间(部门)和行政管理部门发生的固定资产修理费用等后续支出,也作为管理费用核算。其借方核算本期发生的各项管理费用,贷方核算管理费用的减少及结转,期末结转后无余额。该账户可按费用项目设置明细账,进行明细核算。

5."累计折旧"账户

"累计折旧"账户属于资产类账户,该账户是"固定资产"账户的抵减账户,用来核算固定资产因损耗而减少的价值。其贷方核算计提的固定资产的折旧,借方核算已提折旧的减少或转销数,期末余额在贷方,反映现有固定资产已提折旧的累计数。

6."库存商品"账户

"库存商品"账户属于资产类账户,用来核算企业库存的各种商品的实际成本。其借方核算已验收入库商品的实际成本,贷方核算发出商品的实际成本,期末余额在借方,反映库存商品的实际成本。该账户可按商品的种类、品种和规格设置明细账,进行明细核算。

(二)业务核算

【例3-30】 本企业根据5月领料凭证,编制领料汇总表如表3-9所示。

表 3-9　领料汇总表　　　　　　　　　　　　　　　　　　　单位:元

用　途	甲材料			乙材料			合计
	数量/吨	单价	金额	数量/吨	单价	金额	
生产产品领用	762	40	30 480	436	50	21 800	52 280
A 产品	317	40	12 680	420	50	21 000	33 680
B 产品	445	40	17 800	16	50	800	18 600
车间领用				4	50	200	200
管理部门领用				2	50	100	100
合计	762		30 480	442		22 100	52 580

分析：一方面，生产产品领用材料，构成产品的直接成本，记入"生产成本"，车间领用材料，构成产品的间接费用，记入"制造费用"，管理部门领用材料，记入"管理费用"；另一方面，材料减少，记入"原材料"账户的贷方。编制会计分录如下：

借：生产成本——A 产品　　　33 680
　　　　　　——B 产品　　　18 600
　　制造费用　　　　　　　　　200
　　管理费用　　　　　　　　　100
　贷：原材料——甲材料　　　30 480
　　　　　　——乙材料　　　22 100

【例 3-31】　本企业期末计算确认 5 月份应付职工的工资为 120 000 元。其中 A 产品生产工人工资为 20 000 元，B 产品生产工人工资为 15 000 元，车间管理人员工资为 15 000 元，行政管理人员工资为 70 000 元。

分析：一方面，企业计算确认应付职工工资时，应根据各类人员的部门和分工分别归属不同的科目（账户）；另一方面，也表明企业应付给职工的工资增加，记入"应付职工薪酬"账户的贷方。编制会计分录如下：

借：生产成本——A 产品　　　　20 000
　　　　　　——B 产品　　　　15 000
　　制造费用　　　　　　　　　15 000
　　管理费用　　　　　　　　　70 000
　贷：应付职工薪酬——职工工资　120 000

【例 3-32】　5 月末，本企业按规定计提本月固定资产折旧费 100 000 元。其中，生产车间使用的厂房、机器设备等应提折旧额 80 000 元，行政管理部门使用的固定资产应提折旧额 20 000 元。

借：制造费用　　　80 000
　　管理费用　　　20 000
　贷：累计折旧　　　100 000

【例 3-33】　5 月 28 日，本企业以银行存款支付水电费 8 000 元。其中，生产 A 产品耗用 2 000 元，生产 B 产品耗用 1 800 元，车间一般耗用 2 800 元，行政管理部门耗用 1 400 元。

借:生产成本——A产品　　　　　　2 000
　　　　　　——B产品　　　　　　1 800
　　制造费用　　　　　　　　　　2 800
　　管理费用　　　　　　　　　　1 400
　贷:银行存款　　　　　　　　　　　　8 000

月末,企业应将本月累计发生的"制造费用"在不同的产品间进行分配,并将其转入相应的产品"生产成本"科目中去。制造费用的分配方法一般有生产工时比例法、生产工人工资比例法、机器工时比例法等。

【例3-34】　5月31日,本企业分配结转本月制造费用。(按A、B产品生产工人的工资比例在两种产品间进行分配。)

分析:先归集本月发生的制造费用=200元+15 000元+80 000元+2 800元=98 000元

　　　　制造费用分配率=制造费用总额／各产品的生产工人工资总额
　　　　　　　　　　　=98 000元/(20 000+15 000)元=2.8
　　　　　A产品应分配的制造费用=20 000元×2.8=56 000元
　　　　　B产品应分配的制造费用=15 000元×2.8=42 000元

编制会计分录如下:
借:生产成本——A产品　　56 000
　　　　　　——B产品　　42 000
　贷:制造费用　　　　　　　　98 000

【例3-35】　5月末,本企业A、B产品全部完工,验收入库,结转完工产品成本。

分析:产品完工入库,一方面表明库存商品增加,另一方面表明车间产品因完工而减少。编制会计分录如下:

借:库存商品——A产品　　111 680
　　　　　　——B产品　　 77 400
　贷:生产成本——A产品　　　111 680
　　　　　　——B产品　　　 77 400

技能实训

资料:某企业20××年3月发生如下业务,请根据发生的业务填制记账凭证。

(1) 本月共发出材料一批,其中生产车间生产A产品领用甲材料8 000元,乙材料7 000元,生产B产品领用乙材料10 000元,车间一般耗用甲材料4 000元,企业行政管理部门领用甲材料2 000元。

(2) 月末,结算本月应付工人工资80 000元,其中生产A产品工人工资30 000元,生产B产品工人工资20 000元,车间管理人员工资8 000元,企业行政管理部门人员工资22 000元。

(3) 本月,生产车间使用的固定资产计提折旧4 500元,管理部门使用的固定资产计提折旧2 500元。

(4) 28 日,用银行存款支付车间生产设备的修理费 1 500 元。
(5) 月末,分配结转本月制造费用。(按 A、B 产品生产工人工资比例进行分配。)
(6) 月末,A、B 产品全部完工,验收入库,结转完工产品成本。

工作任务 5　核算销售过程业务

销售过程是企业生产经营活动的最后环节。企业通过销售实现资金的回笼,保证企业再生产的顺利进行。销售过程中核算的主要内容包括营业收入核算、营业成本和销售费用的核算、营业税金的核算等。

（一）账户设置

1. "主营业务收入"账户

"主营业务收入"账户属于损益类账户,用来核算企业销售产品、提供劳务等主营业务形成的收入。其贷方核算企业实现的销售收入,借方核算收入的减少和期末转入"本年利润"账户的数额,期末结转后无余额。该账户可按产品类别设置明细账,进行明细核算。

2. "主营业务成本"账户

"主营业务成本"账户属于损益类账户,用来核算企业销售产品、提供劳务等日常活动发生的实际成本。其借方核算已销产品的成本,贷方核算发生销售退回和期末转入"本年利润"账户的已销售产品的成本,期末结转后无余额。该账户可按产品类别设置明细账,进行明细核算。

3. "其他业务收入"账户

"其他业务收入"账户属于损益类账户,用来核算企业除主营业务收入以外的其他销售或者其他业务的收入,如材料销售、固定资产、无形资产和包装物出租等收入。其贷方核算实现的其他业务收入,借方核算期末转入"本年利润"账户的数额,期末结转后无余额。该账户可按业务类别设置明细账,进行明细核算。

4. "其他业务成本"账户

"其他业务成本"账户属于损益类账户,用来核算除主营业务以外的其他销售或其他业务所发生的成本,包括材料销售、固定资产、无形资产和包装物出租等发生的支出。其借方核算其他业务发生的支出,贷方核算期末转入"本年利润"账户的数额,期末结转后无余额。该账户可按业务类别设置明细账,进行明细核算。

5. "应收账款"账户

"应收账款"账户属于资产类账户,用来核算企业因销售商品、提供劳务等应向购货单位或接受劳务单位收取的款项。其借方核算发生的应收款项以及替购货单位垫付的包装费、运杂费等,贷方核算实际收回的应收款项,期末余额一般在借方,反映企业尚未收回的应收款项。该账户可按购货或接受劳务的单位设置明细账,进行明细核算。

6. "预收账款"账户

"预收账款"账户属于负债类账户,用来核算企业按照合同规定向客户预收的货款。其贷方核算预先收取的款项,借方核算实现销售时转出的货款和退回多收的货款,期末余额一般在贷方,反映企业实际预收或多收而未退回的款项,若其期末余额在借方,反映购货单位尚未补付的款项。该账户可按客户单位设置明细账,进行明细核算。

对于预收账款业务不多的企业,也可不设置该账户,而在"应收账款"账户的贷方反映企业预收的款项。

7. "销售费用"账户

"销售费用"账户属于损益类账户,用来核算企业在销售过程中发生的各项费用,包括企业在销售商品过程中发生的保险费、包装费、广告费、运输费、装卸费、展览费等,以及专设销售机构(含销售网点、售后服务网点等)的职工薪酬、业务费、折旧费等经营费用。企业发生的与专设销售机构相关的固定资产修理费用等后续支出也属于销售费用。其借方核算当期发生的各种销售费用,贷方核算期末转入"本年利润"账户的数额,期末结转后无余额。该账户可按费用项目设置明细账,进行明细核算。

8. "税金及附加"账户

"税金及附加"账户属于损益类账户,用来核算企业经营活动发生的消费税、城市维护建设税、资源税、教育费附加及房产税、城镇土地使用税、车船税、印花税等相关税费。其借方核算企业按规定计算确定与经营活动相关的税费,贷方核算期末转入"本年利润"账户的数额,期末结转后无余额。

(二)业务核算

【例3-36】 6月7日,本企业售出A产品800件,每件售价300元,货款240 000元,增值税税率为13%,增值税税额为31 200元,款项存入银行。

分析:本企业在销售商品时,不仅要向客户收取货款,还应按适用的税率计算并代收增值税。所以,企业在确认收入的同时,还应确认一笔负债(应交税费)。故编制会计分录如下:

借:银行存款　　　　　　　　　　　　　　271 200
　　贷:主营业务收入　　　　　　　　　　240 000
　　　　应交税费——应交增值税(销项税额)　31 200

在例3-36中,若货款尚未收到,则编制会计分录如下:

借:应收账款　　　　　　　　　　　　　　271 200
　　贷:主营业务收入　　　　　　　　　　240 000
　　　　应交税费——应交增值税(销项税额)　31 200

【例3-37】 6月14日,本企业将一批甲材料售出,售价(不含税)10 000元,收到购货方货款。

分析:企业销售材料不属于企业的主要经济业务,因而销售材料的收入应作为其他业务收入核算,记入"其他业务收入"的贷方,同时,销售材料应按税法规定缴纳增值税,记入"应交税费——应交增值税(销项税额)"的贷方。编制会计分录如下:

借:银行存款　　　　　　　　　　　　　　11 300
　　贷:其他业务收入　　　　　　　　　　10 000
　　　　应交税费——应交增值税(销项税额)　1 300

【例3-38】 6月21日,本企业按照合同规定预收宏大公司购买B产品的货款200 000元,款项已存入银行。

借:银行存款　　　　　　　　　　　　　　200 000
　　贷:预收账款——宏大公司　　　　　　200 000

【例3-39】 6月25日,本企业以现金支付宣传广告费600元。

借:销售费用——广告费　　　600
　　贷:库存现金　　　　　　　　600

【例 3-40】 6月末,结转本月销售A产品的销售成本200 000元。

分析:企业为获得收入,将库存商品的所有权出让,并交付了商品,表明企业库存商品减少,主营业务成本增加。故编制会计分录如下:

借:主营业务成本　　　　　　200 000
　　贷:库存商品——A产品　　　　200 000

【例 3-41】 6月末,结转已售甲材料的成本8 000元。

借:其他业务成本　　　　　　8 000
　　贷:原材料——甲材料　　　　8 000

【例 3-42】 6月末,经计算,本企业当期销售商品应缴纳的消费税为4 000元,城市维护建设税1 000元。

分析:企业因销售商品必须承担相应的纳税义务,由此而产生的费用增加,记入"税金及附加"的借方,同时确认相应的负债增加,记入"应交税费"的贷方。故编制会计分录如下:

借:税金及附加　　　　　　　5 000
　　贷:应交税费——应交消费税　　4 000
　　　　　　　——应交城市维护建设税　1 000

技能实训

资料:某企业20××年5月发生如下业务,请根据发生的业务填制记账凭证。

(1) 4日,向大华公司销售A产品600件,单价80元,增值税税率13%,货款已收到并存入银行。

(2) 10日,向远大公司销售B产品1 000件,单价40元,增值税税率13%,货款尚未收到。

(3) 月末,结转A、B产品的销售成本。(A产品每件50元,B产品每件20元。)

(4) 20日,向某工厂出售丙材料200千克,每千克售价(不含税)20元,增值税税率13%,货款已收到,存入银行。

(5) 25日,现金支付A、B产品在销售过程中发生的包装费600元。

(6) 月末,按本月出售的A、B两种产品销售收入的5%计提消费税。

工作任务6　核算财务成果形成业务

财务成果是指企业在一定会计期间全部经济活动反映在财务上的最终成果,即盈利或亏损。它是企业生产经营活动经济效益和资金使用效果的综合反映。

(一)利润的构成

1. 营业利润

营业利润是企业一定时期生产经营活动、投资活动等所形成的利润,是企业利润总额的主要来源。营业利润用公式表示为：

营业利润＝营业收入－营业成本－税金及附加－销售费用－管理费用－财务费用
　　　　－信用减值损失－资产减值损失＋公允价值变动收益（－公允价值变动损失）
　　　　＋投资收益（－投资损失）＋资产处置收益（－资产处置损失）

2．利润总额

利润总额＝营业利润＋营业外收入－营业外损失

3．净利润

净利润是企业当期利润总额减去所得税费用以后的余额，即企业的税后利润，用公式表示为：

净利润＝利润总额－所得税费用

（二）账户设置

1．"营业外收入"账户

"营业外收入"账户属于损益类账户，用来核算企业确认的与其日常活动无直接关系的各项利得，主要包括非流动资产毁损报废处置利得、政府补助、盘盈利得、捐赠利得等。其贷方核算企业确认实现的营业外收入，借方核算期末转入"本年利润"账户的数额，期末结转后无余额。该账户可按营业外收入项目设置明细账，进行明细核算。

2．"营业外支出"账户

"营业外支出"账户属于损益类账户，用来核算企业发生的与企业生产经营无直接关系的各项支出，包括非流动资产毁损报废处置损失、捐赠支出、非常损失、盘亏损失等。其借方核算企业确认发生的营业外支出，贷方核算期末转入"本年利润"账户的数额，期末结转后无余额。该账户可按营业外支出项目设置明细账，进行明细核算。

3．"投资收益"账户

"投资收益"账户属于损益类账户，用来核算企业对外投资取得的收益或发生的损失。其贷方核算企业取得的投资收益或期末投资净损失的转出数，借方核算企业发生的投资损失或期末投资净收益的转出数，期末结转后无余额。该账户可按投资项目设置明细账，进行明细核算。

4．"所得税费用"账户

"所得税费用"账户属于损益类账户，用来核算企业确认的应从当期利润总额中扣除的所得税费用。其借方核算企业按照税法规定计算确定的当期应纳所得税额，贷方核算期末转入"本年利润"账户的数额，期末结转后无余额。

5．"本年利润"账户

"本年利润"账户属于所有者权益类账户，为了反映各个会计期间的财务成果，各损益类账户必须于月末结转至本账户，用来核算企业实现的净利润（或发生的净亏损）。其贷方核算期末从各收入和投资收益账户的转入数，借方核算期末从各支出、有关成本、费用账户的转入数。期末贷方余额表示当期实现的净利润，借方余额表示当期发生的净亏损。年度终了，将"本年利润"账户的期末余额转入"利润分配"账户。

💡 说明：结转本年利润的方法如下。

会计期末，结转本年利润的方法有表结法和账结法两种。

①表结法。表结法下，各损益类科目每月末只需结计出本月发生额和月末累计余额，不结

转到"本年利润"科目,只有在年末时才将全年累计余额结转入"本年利润"科目。但每月末要将损益类科目的本月发生额合计数填入利润表的本月数栏,同时将本月末累计余额填入利润表的本年累计数栏,通过利润表计算反映各期的利润(或亏损)。表结法下,年中损益类科目无须结转入"本年利润"科目,从而减少了转账环节和工作量,同时并不影响利润表的编制及有关损益指标的利用。

②账结法。账结法下,每月末均需编制转账凭证,将在账上结计出的各损益类科目的余额结转入"本年利润"科目。结转后"本年利润"科目的本月余额反映当月实现的利润或发生的亏损,"本年利润"科目的本年余额反映本年累计实现的利润或发生的亏损。账结法在各月均可通过"本年利润"科目提供当月及本年累计的利润(或亏损)额,但增加了转账环节和工作量。

(三)业务核算

【例3-43】 6月26日,本企业原欠大华公司一笔货款3 000元,因大华公司注销已无法偿还,转为营业外收入。

分析:此项业务的发生,一方面,使应付账款因对方公司注销而减少,应记入"应付账款"的借方;另一方面,营业外收入增加,记入"营业外收入"的贷方。编制会计分录如下:

借:应付账款——大华公司　　　3 000
　　贷:营业外收入　　　　　　　　　3 000

【例3-44】 6月27日,本企业向希望工程捐赠5 000元,已通过银行付讫。

分析:捐赠支出属于营业外支出,该项业务的发生一方面使其营业外支出增加,记入"营业外支出"的借方;另一方面使银行存款减少,记入"银行存款"的贷方。编制会计分录如下:

借:营业外支出　　　5 000
　　贷:银行存款　　　　　5 000

【例3-45】 6月28日,本企业收到国债利息6 500元,款项已通过银行收讫。

分析:此项业务的发生,一方面,使得银行存款增加,记入"银行存款"的借方;另一方面,国债利息收入属于投资收益,记入"投资收益"的贷方。编制会计分录如下:

借:银行存款　　　6 500
　　贷:投资收益　　　6 500

【例3-46】 6月末结转所有损益类账户的收入项目。

分析:月末计算利润时,应将所有损益类账户的收入项目全部转到"本年利润"账户的贷方。因此,编制会计分录如下:

借:主营业务收入　　240 000
　　其他业务收入　　 10 000
　　营业外收入　　　 3 000
　　投资收益　　　　 6 500
　　贷:本年利润　　　 259 500

【例3-47】 6月末结转所有损益类账户的费用项目。

分析:月末计算利润时,应将所有损益类账户的费用项目全部转到"本年利润"账户的借方。因此,编制会计分录如下:

借:本年利润　　　218 600
　　贷:主营业务成本　　　200 000

其他业务成本	8 000
税金及附加	5 000
销售费用——广告费	600
营业外支出	5 000

【例 3-48】 6月末本企业计提本月应交所得税,所得税税率为25%。(本例中假设该企业应纳税所得额等于利润总额。)

分析: 利润总额=259 500元-218 600元=40 900元
应交所得税额=40 900元×25%=10 225元

编制会计分录如下:
借:所得税费用　　　　　　10 225
　　贷:应交税费——应交所得税　　10 225

再将"所得税费用"转入"本年利润":
借:本年利润　　　　　　　10 225
　　贷:所得税费用　　　　　　10 225

技能实训

资料:某企业20××年12月31日有关损益类账户余额如表3-10所示:

表3-10　某企业20××年12月31日有关损益类账户余额　　　　　　单位:元

会计科目	借　方	贷　方
主营业务收入		150 000
主营业务成本	75 000	
税金及附加	7 000	
其他业务收入		40 000
其他业务成本	25 000	
销售费用	5 000	
管理费用	15 000	
财务费用	3 000	
投资收益		8 000
营业外收入		5 000
营业外支出	7 500	

(1) 结转各损益类账户余额到"本年利润"账户,填制记账凭证。
(2) 按利润总额的25%税率计算本月应交企业所得税,填制记账凭证。
(3) 将"所得税费用"账户余额转入"本年利润"账户,填制记账凭证。

工作任务7 核算财务成果分配业务

企业在一定会计期间实现的净利润要按照国家的有关规定有顺序地进行分配。

(1) 弥补以前年度的亏损。企业当年发生的亏损可连续五年用以后年度实现的利润弥补。

(2) 提取盈余公积。盈余公积是企业按规定从净利润中提取的用于积累的资金,提取比例一般不低于净利润的10%。

(3) 向投资者分配利润。

(4) 未分配利润。企业一般留下一定比例的利润作为未分配利润,留待以后年度分配。

(一) 账户设置

1. "利润分配"账户

"利润分配"账户属于所有者权益类账户,用来核算企业本年度利润的分配(或亏损的弥补)和历年分配(或弥补)后的余额。其贷方核算盈余公积弥补的亏损数及年末由"本年利润"账户转入的本年累计净利润数,借方核算按规定提取盈余公积、向股东或投资者分配现金股利或利润等及由"本年利润"账户转入的本年累计亏损数。期末贷方余额表示累计未分配利润,借方余额表示累计未弥补亏损。该账户可按"提取法定盈余公积""提取任意盈余公积""应付现金股利或利润"和"未分配利润"等设置明细账,进行明细核算。

2. "盈余公积"账户

"盈余公积"账户属于所有者权益类账户,用来核算企业从净利润中提取的盈余公积。其贷方核算企业按规定提取的盈余公积数额,借方核算用盈余公积弥补亏损、转增资本等的数额,期末余额在贷方,反映企业的盈余公积余额。该账户可按"法定盈余公积""任意盈余公积"设置明细账,进行明细核算。

3. "应付股利"账户

"应付股利"账户属于负债类账户,用来核算企业分配的现金股利或利润。其贷方核算企业根据股东大会或类似机构审议批准的利润分配方案,确认应支付的现金股利或利润,借方核算实际支付的现金股利或利润,期末余额在贷方,反映企业应付未付的现金股利或利润。该账户可按投资者设置明细账,进行明细核算。

(二) 业务核算

【例3-49】 年末,本企业将本年利润贷方余额300 000元转入"利润分配"账户。

分析:每个年度末,企业都应将"本年利润"的余额全部结转到"利润分配——未分配利润"账户中进行利润分配或亏损弥补。"本年利润"若为贷方余额,则从借方结转;若为借方余额,应从贷方结转,结转后无余额。编制会计分录如下:

借:本年利润　　　　　　　　　300 000
　　贷:利润分配——未分配利润　　300 000

【例3-50】 年末,本企业按净利润10%的比例提取法定盈余公积,按5%的比例提取任意盈余公积。

分析:年末应提取的法定盈余公积=300 000×10%元=30 000元,应提取的任意盈余公积

＝300 000×5％元＝15 000元。编制会计分录如下：

  借：利润分配——提取法定盈余公积 30 000
       ——提取任意盈余公积 15 000
   贷：盈余公积——法定盈余公积   30 000
       ——任意盈余公积   15 000

【例 3-51】 年末，本企业按净利润 10％ 的比例向投资者分配现金股利。

分析：年末提取的应分配利润＝300 000×10％元＝30 000元。编制会计分录如下：

  借：利润分配——应付现金股利 30 000
   贷：应付股利   30 000

【例 3-52】 年末，结转利润分配明细账户。

分析：分配完利润后，企业应把"利润分配"其他明细账户的余额全部转入"未分配利润"明细账户，结转后只有"未分配利润"明细账户有余额。编制会计分录如下：

  借：利润分配——未分配利润   75 000
   贷：利润分配——提取法定盈余公积 30 000
        ——提取任意盈余公积 15 000
        ——应付现金股利   30 000

技能实训

资料：接上一技能实训，填制记账凭证。

(1) 年末，将"本年利润"账户的贷方余额 49 125 元，转入"利润分配"账户。
(2) 按净利润的 10％ 提取法定盈余公积。
(3) 按净利润的 20％ 计算应向投资者分配的利润。
(4) 将利润分配各明细账的余额转入"利润分配——未分配利润"。

模块 4 审核记账凭证

记账凭证是登记账簿的依据，为了保证账簿记录的正确性，记账凭证填制完毕后必须进行严格的审核。审核主要包括以下内容。

1. 审核记账凭证内容的真实性

审核记账凭证是否附有原始凭证，记账凭证反映的业务内容是否与原始凭证反映的业务内容一致，是否真实反映经济业务发生或完成情况。

2. 审核记账凭证的完整性

审核记账凭证的各项内容是否按规定的要求填写完整，摘要是否填写清楚，日期、凭证编号、附件张数及各类有关人员的签章是否齐全等。

3. 审核记账凭证的正确性

审核记账凭证上所列应借、应贷的会计科目是否正确无误,使用的会计科目及其核算的内容是否符合会计制度的规定,账户对应关系是否清晰,借、贷方的金额是否计算准确,摘要、日期、凭证编号、附件张数及各类有关人员的签章是否正确等。

4. 审核记账凭证书写的规范性

审核记账凭证中的记录是否文字工整、数字清晰,是否符合规定等。

审核中,若发现记账凭证有错误,应根据不同的情况,采用规定方法进行更正处理。

注意:《中华人民共和国会计法》第四十三条规定,伪造、变造会计凭证、会计账簿,编制虚假财务会计报告,构成犯罪的,依法追究刑事责任;尚不构成犯罪的,由县级以上人民政府财务部门予以通报,并对单位、负责主管及直接责任人处以罚款,对其中的会计人员由县级以上人民政府财务部门吊销会计从业资格证书。

制单人与审核人不能为同一人。

项目 4 会计账簿

【知识目标】
(1) 明确会计账簿的含义、作用和种类。
(2) 了解财产清查的意义和种类。
(3) 熟悉账务处理程序的意义、特点和种类。

【技能目标】
(1) 能够进行各种账簿的登记。
(2) 能够进行错账更正及对账、结账。
(3) 掌握财产清查的方法及财产清查结果的会计处理方法。
(4) 掌握各种账务处理程序的操作方法和步骤。

导学案例：

某公司会计人员小张为单位购买账本，到账表经营店后，发现账本的种类很多。有日记账、总账、订本账、活页账等，小张不知该如何选择。最终在公司会计主管和账表经营店工作人员的帮助下选好了需要的账簿。

选好会计账簿，回到公司，小张要完成建账，根据单位的实际情况，选择账务处理程序，把记账凭证登记入账，以及期末的对账结账工作。如果你是小张，你能胜任这些工作吗？在这一工作过程中还有哪些必须掌握的账务处理技术？

引例分析：

案例中会计人员小张该如何根据单位会计业务的需要去选择会计账簿，选择了会计账簿后如何建账？账务处理过程中，根据单位的实际情况，该采用何种账务处理程序？如何把记账凭证登记入账？如果在记账过程中出现了错误，该如何更正？到了期末，该如何对账、结账？对账有哪些方法？如何进行财产清查，对财产清查的结果如何进行会计处理？这些将是我们这个项目要解决的问题。

模块 1　会计账簿认知

一、会计账簿的含义

会计账簿，是指由一定格式的账页组成的，以经过审核无误的会计凭证为依据，全面、系统、连续地记录各项经济业务的账簿。在形式上，会计账簿是若干账页的组合；在实质上，会计账簿是会计信息形成的重要环节，是会计资料的主要载体之一，也是会计资料的重要组成部分。

会计账簿是账户的表现形式，两者既有区别又有联系。账户是按照规定的会计科目在账簿中分别设立的，账页一旦标明会计科目，这个账页就成为用来记录该科目所核算内容的账户。而账簿是由若干具有专门格式，又相互联结的账页组成的。也就是说，账页是账户的载体，账簿则是若干账页组成的集合。根据会计凭证在有关账户中进行登记，就是指把会计凭证所反映的经济业务内容记入设立在账簿中的账户，即通常所说的登记账簿，也称记账。

二、会计账簿的作用

各单位每发生一项经济业务，都必须取得或填制原始凭证，并根据审核无误的原始凭证填制记账凭证。记账凭证的填制和审核，可以反映和监督单位每一项经济业务的发生和完成情况。但是由于会计凭证数量多，格式不一，所提供的资料比较分散，缺乏系统性，每张凭证一般只能反映个别经济业务的内容。为了连续、系统、全面地反映单位在一定时期内的某一类和全部经济业务及其引起的资产与权益的增减变化情况，给经济管理提供完整而系统的会计核算资料，并为编制会计报表提供依据，就需要设置会计账簿，把分散在会计凭证中的大量核算资料加以集中和归类整理，分门别类地记录在账簿中。它对加强企业经济核算、改善和提高经营管理水平有着重要意义，其作用主要表现在以下三个方面。

1. 会计账簿可以提供系统、完整的核算资料

首先，通过设置和登记账簿，可以全面反映单位各项资产的增减变动及结存情况，为其经营管理提供系统、完整的会计信息。

其次，利用账簿提供的资料进行账实核对，可以检查账实是否相符，从而有利于保证各项财产物资和资金的安全、完整和合理使用。

最后，设置和登记账簿，不仅有利于保存会计资料和日后查阅使用，还有利于会计工作的分工。

2. 会计账簿是计算财务成果、编制会计报表的主要依据

设置和登记账簿是编制会计报表的基础，会计账簿是编制会计报表的主要依据，是连接会计凭证和会计报表的重要桥梁。

3. 会计账簿是考核企业经营情况的重要依据

设置和登记会计账簿，能够详细提供经营成果的资料以及进行经济活动分析的其他有关资料，据此可以找出差距和潜力，提出改进措施，不断提高经济效益，及时反映各方面所需要的总括会计信息,为管理层做出经济决策提供依据。

三、会计账簿的种类

在会计账簿体系中,有各种不同功能和作用的账簿,它们各自独立,又相互补充。这些会计账簿从不同的角度可以进行以下分类。

(一)按用途分类

会计账簿按照用途的不同,可分为序时账簿、分类账簿和备查账簿。

1. 序时账簿

序时账簿,又称日记账,是按经济业务发生或完成时间的先后顺序进行逐日逐笔登记的账簿。日记账按其记录的内容不同又可分为特种日记账和普通日记账。特种日记账是为记录某一类经济业务专门设置的日记账,目前常用的特种日记账有现金日记账和银行存款日记账两种。普通日记账是逐日逐笔序时登记除特种日记账以外经济业务的账簿。在不设特种日记账的企业,则要序时地逐笔登记企业的全部经济业务,因此普通日记账也称分录簿。在我国,大多数单位只设特种日记账,即现金日记账和银行存款日记账。

2. 分类账簿

分类账簿,是对全部经济业务按照总分类账和明细分类账进行分类登记的账簿。其中:按照总账科目开设账户,用以分类登记全部经济业务、提供总括核算资料的是总分类账簿,简称总账;按照总账科目所属明细科目开设账户,用以分类登记某一类经济业务、提供明细核算资料的是明细分类账簿,简称明细账。

3. 备查账簿

备查账簿,又称辅助登记簿,简称备查账,是对某些未能在序时账簿和分类账簿等主要账簿中进行登记或者登记不够详细的经济业务事项进行补充登记时使用的账簿。这些账簿可以对某些经济业务的内容提供必要的参考资料,但是它记录的信息不需编入会计报表中,所以也称表外记录。备查账簿没有固定格式,可由各单位根据管理的需要自行设置与设计。如"租入固定资产登记簿""应收票据备查簿""受托加工来料登记簿"。

(二)按外形特征分类

会计账簿按其外形特征不同,可以分为订本式账簿、活页式账簿和卡片式账簿。

1. 订本式账簿

订本式账簿,也称订本账,是在账簿启用之前已把账簿按页码先后顺序装订成册的账簿。这种账簿,页码固定,不能增减抽换。其优点是能避免账页散失和防止抽换账页;其缺点是,由于账页固定,不能根据需要增加或减少,不便于按需要调整各账户的账页,也不便于分工记账。但特种日记账,如库存现金日记账和银行存款日记账,以及总分类账必须采用订本账。

2. 活页式账簿

活页式账簿,也称活页账,是指把零散的账页放置在活页账夹中,可以随时增添账页的账簿。当账簿登记完毕之后(通常是一个会计年度结束之后),才将账页予以装订,加具封面,并给各账页连续编号。这种账簿的优点是随时取放,便于账页的增加和重新排列,便于分工记账,提高工作效率;其缺点是,由于账页是分开的,因此,账页容易散失或被随意抽换。活页账在年度终了时,应及时装订成册,妥善保管。各种明细分类账一般采用活页账形式。

3. 卡片式账簿

卡片式账簿,又称卡片账,是指由许多具有一定格式的硬卡片组成,存放在卡片箱内保管的账簿。卡片账的卡片一般装在卡片箱内,不用装订成册,可跨年度长期使用。如固定资产明细账常采用卡片账形式。

(三)按账页的格式分类

会计账簿按其账页的格式不同,可分为三栏式账簿、多栏式账簿和数量金额式账簿等。

1. 三栏式账簿

三栏式账簿,是指其账页的格式主要部分为借方、贷方和余额三个基本栏目的账簿。它主要适用于各种日记账、总分类账,以及资本、债权债务明细账等。

2. 多栏式账簿

多栏式账簿,是指根据经济业务的内容和管理的需要,在借方和贷方的某一方或两方下面分设若干栏目,详细反映借、贷方金额的组成情况。多栏式账簿适用于核算项目较多且管理上要求提供各核算项目详细信息的明细分类账簿,如成本、费用类明细账,应交增值税明细账等。

3. 数量金额式账簿

数量金额式账簿,是指在账页借方、贷方和余额三个栏目内,又分设数量、单价和金额等三个小栏的账簿,借以反映财产物资的实物数量和价值量。原材料和库存商品、产成品等明细账一般采用数量金额式账簿。

四、会计账簿的建立

(一)会计账簿的基本内容

在实际工作中,各种账簿所记录的经济内容不同,账簿的格式又多种多样,不同账簿的格式所包括的具体内容也不尽一致,但各种主要账簿应具备以下基本内容。

1. 封面

封面主要用于标明账簿的名称,如总分类账、各种明细账、库存现金日记账、银行存款日记账等。

2. 扉页

扉页主要包括两部分内容:一是账簿启用和经管人员一览表,填制账簿的启用日期和截止日期、账簿页数、记账人员和会计机构负责人、会计主管人员姓名及有关签章等内容;二是账户目录,即科目索引。设置账户目录主要是便于查阅账簿中登记的内容。

3. 账页

账页是用来记录具体经济业务的载体,也是账簿的主体,其格式因记录经济业务的内容的不同而有所不同。但每张账页上应载明的主要内容有账户的名称(即会计科目),记账日期,凭证种类和号数栏,摘要栏(经济业务内容的简要说明),借方、贷方金额及余额的方向、金额栏,总页次和分页次等。

(二)会计账簿的启用

会计账簿是重要的会计档案,为了确保账簿记录的合法性和完整性,明确记账责任,会计账簿应由专人负责登记。启用会计账簿应遵守以下规则。

1. 认真填写封面及账簿启用和经管人员一览表

启用账簿时应在账簿封面上写明单位名称和账簿名称,并在账簿扉页附账簿启用和经办人员一览表(简称启用表)。启用表内容主要包括单位名称、账簿名称、账簿编号、账簿页数、启用日期、记账人员姓名和会计机构负责人姓名、会计主管人员姓名,并加盖有关人员的名章和单位公章。

2. 填写账户目录

总账应按照会计科目的编号顺序填写科目名称及启用页号。在启用明细账分类账时,应按照所属总账科目填写科目名称和页码,在年度结账后,撤去空白账页,填写使用页码。

3. 粘贴印花税票

印花税票应粘贴在账簿规定处,并且划线注销。在使用缴款书缴纳印花税时,应在右上角注明"印花税已缴"及缴款金额。

4. 严格交接手续

记账人员或者会计机构负责人、会计主管人员调动工作时,必须办理账簿交接手续,在账簿启用和经管人员一览表中注明交接日期、交接人员和监交人员姓名,并由双方交接人员签名或者盖章,以明确有关人员的责任,增强有关人员的责任感,维护会计记录的严肃性。

5. 及时结转旧账

每年年初更换新账时,应将旧账的各账户余额过入新账的余额栏,并在摘要栏中注明"上年结转"字样。

(三) 会计账簿基本栏目的填制方法

(1) 日期栏。应登记记账凭证的填制日期。年栏,可填写两位数字;月栏,只在每页第一行、办理月结和变更月份时填写;日栏,在每页第一行、变更日期和办理月结时填写,日期与上行相同时可以不予填写。

(2) 凭证号栏。一般登记记账凭证的字号,如"收×、付×、转×、记×"等。如果采用汇总方式登记总账,则可以写"科汇×"或"汇收×、汇付×、汇转×"。

(3) 摘要栏。摘要内容一般依据记账凭证的摘要内容简明扼要地填写。年初时,摘要书写"上年结转"字样;月结时,摘要书写"本月合计""本年累计"字样;年末时,摘要书写"全年合计""结转下年"字样。

(4) 对方科目栏。填写该笔会计分录中所登记科目的反向科目名称。如"借记银行存款,贷记应收账款"时,"银行存款"的对方科目是"应收账款","应收账款"的对方科目是"银行存款"。

(5) 金额栏。借、贷发生额栏应根据有关会计凭证填写,余额栏中的"借或贷"和"余额"应同时登记(没有余额方向栏的账页除外),缺一不可。

(四) 会计账簿的记账规则

为了保证账簿记录的正确性,会计人员应当根据审核无误的会计凭证及时登记会计账簿。登记会计账簿的基本要求如下。

(1) 内容准确完整。登记会计账簿时,应当将会计凭证日期、编号、经济业务内容摘要、金额和其他有关资料逐项记入账页内,做到数字准确、摘要清楚、登记及时、字迹工整。对于每一项经济业务,一方面要记入有关的总账,另一方面要记入该总账所属的明细账。账簿记录中的日期,应该填写记账凭证上的日期。

(2) 注明记账符号。账簿登记完毕,应在记账凭证上签名或盖章,并在记账凭证的"过账"栏内打"√",表示已经登记入账,以避免重记和漏记,也便于查阅、核对,分清责任。

(3) 文字和数字的书写必须工整、规范。记账文字和数字都要端正、清楚，不得潦草。账簿中书写的文字和数字上面要留有适当的空格，不要写满格，一般应占格距的二分之一。这样，一旦发生登记错误，便于更正时书写正确的文字和数字。

(4) 为了保持账簿记录的清晰、耐久、防止涂改，登记账簿必须使用蓝黑墨水笔或碳素墨水笔书写，不得使用圆珠笔（银行的复写账簿除外）或者铅笔书写。

(5) 由于会计中的红字表示负数，因而除以下情形外，不得使用红色墨水笔登记账簿：

①按照红字冲账的记账凭证，冲销错误记录；

②在不设借贷等栏的多栏式账页中，登记减少数；

③在三栏式账户的余额栏前，如未印明余额方向的，在余额栏内登记负数余额；

④根据国家统一会计制度的规定可以用红字登记的其他会计记录。

(6) 必须按顺序逐页、逐行登记。记账时应按账户页次顺序连续登记，不得跳行、隔页。当发生跳行、隔页时，应在空行和空页处用红色墨水笔划对角线注销，并注明"此行空白"或"此页空白"字样，并由记账人员签名或者盖章。

(7) 凡需结出余额的账户，在结出余额后，应当在"借或贷"栏目内注明"借"或"贷"字样，以表示余额的方向；对于没有余额的账户，应在"借或贷"栏内写"平"字，并在"余额"栏用"0"表示。现金日记账和银行存款日记账必须逐日结出余额。

(8) 每一账页登记完毕时，应作转页处理。每一账页登记完毕结转下页时，应当结出本页合计数及余额，写在本页最后一行和下页第一行有关栏内，并在摘要栏内注明"过次页"和"承前页"字样。

(9) 实行会计电算化的单位，总账和明细账应当定期打印。

(10) 账簿记录发生错误，不准涂改、挖补、刮擦或者用药水消除字迹，不准重新抄写，必须按照会计制度规定的方法进行更正。

模块 2 登账

工作任务 1 登记日记账

一、现金日记账的账页格式及其登记方法

1. 现金日记账的账页格式

现金日记账是用来核算和监督现金每日的收入、支出和结存状况的账簿。它由出纳人员根据审核无误的现金收款凭证、现金付款凭证和银行存款付款凭证（从银行提取现金，只编制银行存款付款凭证），按经济业务发生时间的先后顺序，逐日逐笔地序时登记。现金日记账一般采用三栏式订本账，其账页格式如图 4-1 所示。

现金日记账

第1页

20XX年		凭证		摘要	对方科目	借方 亿千百十万千百十元角分	贷方 亿千百十万千百十元角分	借或贷	余额 亿千百十万千百十元角分
月	日	字	号						
1	1			上年结转				√借	1 0 0 0 0 0
	2	付	1	从银行提现	银行存款	2 0 0 0 0 0		√借	2 1 0 0 0 0
	2	付	2	购办公用品	管理费用		6 0 0 0 0	√借	1 5 0 0 0 0
				本日合计		2 0 0 0 0 0	6 0 0 0 0	√借	1 5 0 0 0 0
	9	付	4	支车间修理费	制造费用		5 0 0 0 0	√借	1 4 5 0 0 0
				本日合计			5 0 0 0 0	√借	1 4 5 0 0 0
				……					
	31	收	9	王冠归还借款	其他应收款	2 0 0 0 0		√借	1 6 5 0 0 0
	31			本日合计		2 0 0 0 0		√借	1 6 5 0 0 0
1	31			本月合计		2 2 0 0 0 0	6 5 0 0 0	√借	1 6 5 0 0 0

图 4-1 现金日记账的账页格式

2. 现金日记账的登记方法

现金日记账中的"年月日""凭证字号""摘要"和"对方科目"等栏,应根据有关记账凭证登记;"借方"栏根据现金收款凭证和从银行提取现金的银行存款付款凭证登记;"贷方"栏根据现金付款凭证登记。每日业务终了,现金日记账应计算全日的现金收入、支出合计数,并逐日结出现金余额,与现金实存数核对,以检查每日现金收付是否有误,即"日清"。每月业务终了,应结出当期"借方"栏和"贷方"栏的发生额和期末余额,并将其月末余额与"库存现金"总分类账户的月末余额核对一致,即"月结",做到"日清月结",账实相符。如账实不符,应查明原因。

二、银行存款日记账的账页格式及其登记方法

1. 银行存款日记账的账页格式

银行存款日记账是用来核算和监督银行存款每日的收入、支出和结存情况的账簿。它是由出纳人员根据银行存款收款凭证、银行存款付款凭证和现金付款凭证(将现金存入银行,只编制现金付款凭证)按经济业务发生时间的先后顺序,逐日逐笔进行登记的序时账簿。银行存款日记账应按企业在银行开立的账户和币种分别设置。银行存款日记账一般采用三栏式订本账,其账页格式如图 4-2 所示。

2. 银行存款日记账的登记方法

银行存款日记账的登记方法与现金日记账的登记方法基本相同,所不同的是增加了结算凭证栏,以便与开户银行对账。对于结算凭证栏中的结算凭证种类,应根据收付款凭证所附的银行结算凭证登记。结算凭证的号数,可以根据银行结算凭证的编号登记。每日业务终了,要结计出"本日借方合计""本日贷方合计"和"余额",即"日清";每月业务终了,要结计出"本月借方合计""本月贷方合计"和"余额",即"月结",并要将其月末余额与开户银行对账单的月末余额相核对,与银行存款总账的月末余额相核对。

银行存款日记账

第 1 页

开户行

账号

20XX年		凭证		支票		摘 要	对方科目	借 方	贷 方	√	借或贷	余 额
月	日	字	号	种类	号数			亿千百十万千百十元角分	亿千百十万千百十元角分			亿千百十万千百十元角分
1	1					上年结转					借	19000000
	2	付	1	略	略	从银行提现	库存现金		2000000	√	借	17000000
	2	付	3			付材料款	原材料		6000000	√	借	11000000
						本日合计			8000000	√	借	11000000
	12	收	1			收回货款	应收账款	6700000		√	借	17700000
						本日合计		6700000		√	借	17700000
						……						
	31	收	8			销售甲产品	主营业务收入	1600000		√	借	19300000
	31					本日合计		1600000		√	借	19300000
1	31					本月合计		8300000	8000000	√	借	19300000

图 4-2 银行存款日记账的账页格式

工作任务 2 登记明细账

明细账即明细分类账，是根据二级科目或明细科目开设账页，分类、连续地登记经济业务以提供明细核算资料的账簿。为了满足经营管理的需要，各单位应在设置总分类账的基础上，按照二级科目或明细科目开设明细分类账，并为每个账户预留若干账页，用来分类、连续记录有关资产、负债、所有者权益、收入、费用、利润等详细资料。

明细账一般采用活页式账簿。明细账的账簿格式应根据它所反映经济业务的特点，以及财产物资管理的不同要求来设计，一般有三栏式明细账、数量金额式明细账、多栏式明细账和横线登记式(或称平行式)明细账等多种。

一、三栏式明细账的账页格式及其登记方法

1. 三栏式明细账的账页格式

三栏式明细账的账页格式与总账的账页格式基本相同，它只设借方、贷方和金额三个金额栏，不设数量栏。这种账页适用于只需要反映金额的明细账户的核算，如应收账款、应付账款等账户的明细核算。

2. 三栏式明细账的登记方法

三栏式明细账是由会计人员根据审核无误的记账凭证或原始凭证，按照经济业务发生的时间先后顺序逐日逐笔进行登记。其具体的登记步骤和方法如下。

(1) 根据记账凭证上的借方或贷方记录，翻到明细账中所要借记或贷记账户的所在页码。

(2) 在各该账户的日期、凭证号数、摘要、借方金额或贷方金额各栏中，分别登记凭证的日期、号数和金额等信息。

(3) 根据已经记账的账户记录，计算账户的余额，记入“余额”栏，并按方向在“借”或“贷”栏内写上“借”或“贷”字。

三栏式明细账的账页格式如图 4-3 所示。

应收账款明细分类账			
总页号 _____ 分页号 _____			
一级 科目 应收账款			
子目或户名 XX公司			

20XX年		凭证字号	摘要	借方 亿千百十万千百十元角分	√	贷方 亿千百十万千百十元角分	√	借或贷	余额 亿千百十万千百十元角分	√
月	日									
1	1		上年结转					借	2 0 0 0 0 0 0 0	√
	7	转 2	销售产品	5 2 2 0 0 0 0 0	√			借	7 2 2 0 0 0 0 0	√
	12	收 1	收回货款			6 7 0 0 0 0 0	√	借	6 5 5 0 0 0 0 0	√
	15	转 3	销售产品	9 6 0 0 0 0 0				借	7 5 1 0 0 0 0 0	√
	20	收 2	收回货款			3 5 0 0 0 0 0 0	√	借	4 0 1 0 0 0 0 0	√
			……							
1	31		本月发生额及余额	6 1 8 0 0 0 0 0	√	4 1 7 0 0 0 0 0	√	借	4 0 1 0 0 0 0 0	√

图 4-3 三栏式明细账的账页格式

二、数量金额式明细账的账页格式及其登记方法

1. 数量金额式明细账的账页格式

数量金额式明细账账页格式在借方（收入）、贷方（发出）、余额（结存）三栏内，再分别设置"数量""单价"和"金额"等栏目，以分别登记实物的数量和金额。这种明细账一般适用于既要进行金额核算，又要进行实物数量核算的各种财产物资的明细核算。如"原材料""库存商品"等账户的明细核算。它能提供各种财产物资收入、发出、结存等的数量和金额资料，便于开展业务和加强管理。

2. 数量金额式明细账的登记方法

数量金额式明细账是由会计人员根据审核无误的记账凭证或原始凭证，按照经济业务发生的时间先后顺序逐日逐笔进行登记。数量金额式明细账登记的主要特点是在登记金额的同时，还要登记数量和单价，其"年月日""凭证字号"以及"摘要"各栏登记的方法与三栏式会计账簿的登记方法基本相同，只是结存栏的登记方法有所不同。结存栏中的"单价"是库存所有存货的平均单价，只要是有新进的存货入库，就得重新计算平均单价，即移动加权平均单价。其平均单价的计算公式如下：

$$平均单价=\frac{原结存存货金额+本次购入存货金额}{原结存存货数量+本次购入存货数量}$$

将计算出的平均单价登记在结存栏中的"单价"栏内。发出存货时，其金额按最近一次计算的平均单价计算，计算公式如下：

$$本次发出存货金额=本次发出存货数量×平均单价$$

将本次发出存货的数量、平均单价和发出存货成本依次登记在"贷方"（发出）栏中的"数量""单价"和"金额"栏。

⚠ **说明**：对于发出存货的成本确定，除了采用加权平均法外，按《企业会计准则》的规定，还

可以采用先进先出法或个别计价法确定。

数量金额式明细账的账页格式如图 4-4 所示。

原材料明细分类账

20XX年		凭证		摘要	借方			贷方			余额		
月	日	字	号		数量	单价	金额	数量	单价	金额	数量	单价	金额
1	1			上年结转							20	10000	200000 00
	2	付	3	材料采购	6	10000	600000				26	10000	260000 00
	3	转	1	领用材料				12	10000	1200000	14	10000	140000 00
	15	转	4	领用材料				8	10000	800000	6	10000	60000 00
	19	转	5	材料采购	12	10000	1200000				18	10000	180000 00
				……									
1	31			本月合计	18	10000	1800000	20	10000	2000000	18	10000	180000 00

图 4-4　数量金额式明细账的账页格式

三、多栏式明细账的账页格式及其登记方法

1. 多栏式明细账的账页格式

多栏式明细账是根据经济业务的特点和经营管理的需要，在一张账页的借方栏或贷方栏设置若干专栏，集中反映有关明细项目的核算资料。它主要适用于只记金额、不记数量，而且在管理上需要了解其构成内容的费用、成本、收入、利润类科目的明细核算，如"生产成本""制造费用""管理费用""主营业务收入"等账户的明细分类账。

多栏式明细账的格式可以根据管理的需要灵活设置，其账页基本格式分为设余额栏的多栏式和不设余额栏的多栏式，具体又分为借方多栏式、贷方多栏式、借贷两方多栏式。专栏的多少，可按具体科目的实际需要进行设置。如"制造费用明细分类账"，它在借方栏下，可分设若干专栏，如工资和福利费、折旧费、修理费、办公费等。

此外，"本年利润""利润分配"和"应交税金——应交增值税"等科目所属明细科目可根据需要采用借、贷方均为多栏式的明细账。

2. 多栏式明细账的登记方法

多栏式明细账是由会计人员根据审核无误的记账凭证或原始凭证，按照经济业务发生的时间先后顺序逐日逐笔进行登记的。其登记的主要特点是将要登记的金额同时登记在借方或贷方的相关专栏和合计栏内。对于成本费用类账户，只在借方设专栏，平时在借方登记费用、成本发生额，贷方登记月末将借方发生额一次转出的数额。平时如发生贷方发生额，应用红字在借方有关栏内登记，表示应从借方发生额中冲减。同样，对于收入、成果类账户，只在贷方设专栏，平时在贷方登记收入的发生额，借方登记月末将贷方发生额一次转入"本年利润"的数额，若发生退货，应用红字在贷方有关栏内登记。

多栏式明细账的账页格式如图 4-5 所示。

制造费用明细分类账

总页号 □　分页号 □

一级科目　制造费用
子目或户名　XX 车间

20XX年		凭证		摘要	借　方（实际发生额）					贷方	余额
月	日	字	号		物料消耗	折旧费	工资	修理费	…	合计	
1	1			消耗材料	21100					21100	21100
	9	付	4	付修理费				2200		2200	23300
	31	转	20	计提折旧		91500				91500	114800
	31	转	21	计提工资			81000			81000	195800
	31	转	22	结转制造费用							195800	0
1	31			本月合计	21100	91500	81000	2200		195800	195800	0

图 4-5　多栏式明细账的账页格式

四、横线登记式明细账的账页格式及其登记方法

横线登记式明细账也称平行式明细账。它采用横线登记，即将每一相关的业务登记在一行，从而可依据每一行各个栏目的登记是否齐全来判断该项业务的进展情况。该明细账适用于登记反映材料采购业务的"材料采购"账户，反映商业票据签发和收款情况的"应收票据"账户和反映一次性备用金业务的"其他应收款"账户。

平行式明细分类账的借方一般在购料付款或借出备用金时按会计凭证的编号顺序逐日逐笔登记，其贷方则不要求按会计凭证编号逐日逐笔登记，而是在材料验收入库或者备用金使用后报销和收回时，在借方记录的同一行内进行登记。同一行内借方、贷方均有记录时，表示该项经济业务已处理完毕，若一行内只有借方记录而无贷方记录的，表示该项经济业务尚未结束。

材料采购明细分类账的账页格式如图 4-6 所示。

材料采购明细分类账

总页号 □　分页号 □

一级科目　材料采购
子目或户名　XXXX

年		凭证号码	摘要	借方			年		凭证号码	摘要	贷方			余额
月	日			数量	单价	金额	月	日			数量	单价	金额	

图 4-6　材料采购明细分类账的账页格式

项目 4
会计账簿

说明： 明细分类账除了以上基本格式外，还可以根据不同的核算内容和管理要求采用其他格式。如固定资产明细账采用卡线表格式（或采用"固定资产及折旧明细账"），应付职工薪酬明细账可用工资单副联代替等。各种明细账的登记方法，应根据本单位业务量的大小和经营管理上的需要，以及所记录的经济业务内容而定，可以根据原始凭证、汇总原始凭证或记账凭证逐笔登记，也可以根据这些凭证逐日或定期汇总登记。

工作任务 3 登记总账及账务处理程序

一、总账的账页格式及其登记方法

1. 总账的账页格式

总账即总分类账，是按总分类账户进行分类登记，全面、总括地反映和记录经济活动情况，并为编制会计报表提供资料的账簿。总分类账一般采用订本式账簿，是按照一级会计科目的编码顺序分别开设账户，并为每个账户预留若干账页。由于总分类账只进行货币度量的核算，因此最常用的格式是三栏式，在账页中设置借方、贷方和余额三个基本金额栏。总分类账中的对应科目栏，可以设置也可以不设置。"借或贷"栏是指账户的余额在借方还是在贷方。总账的格式如图 4-7 所示。

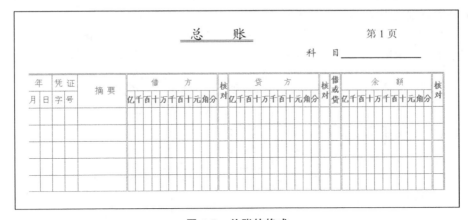

图 4-7 总账的格式

2. 总账的登记方法

总账的记账依据可以是审核无误的记账凭证，也可以是汇总记账凭证或者科目汇总表，这取决于会计主体所采用的账务处理程序。但无论采用哪种账务处理程序，大致的登记步骤和方法如下。

（1）根据记账凭证（汇总记账凭证或者科目汇总表等）上的借方或贷方记录，翻到总分类账中所要借记或贷记账户的所在页码。

（2）在各该账户的日期、凭证号数、摘要、借方金额或贷方金额各栏中，分别登记凭证的日期、号数和金额等信息。

（3）根据已经记账的账户记录，计算账户的余额，记入"余额"栏，并按方向在"借"或"贷"栏内写上"借"或"贷"字。

二、账务处理程序

账务处理程序也称会计核算组织程序或会计核算形式,是指会计凭证、会计账簿、会计报表相结合的方式,包括会计凭证和账簿的种类、格式,会计凭证与账簿之间的联系方法,由原始凭证到编制记账凭证、登记明细分类账和总分类账、编制会计报表的工作程序和方法等。

我国采用的账务处理程序主要有记账凭证账务处理程序、汇总记账凭证账务处理程序、科目汇总表账务处理程序、多栏式日记账账务处理程序和日记总账账务处理程序。以上五种账务处理程序在很多方面(如会计基本循环)都具有相同之处,但又各具特点,它们之间最重要的区别就在于登记总账的依据不同。下面简单介绍实际工作中常用的前三种账务处理程序。

(一)记账凭证账务处理程序

记账凭证账务处理程序是指对发生的经济业务事项,都要根据原始凭证或原始凭证汇总表编制记账凭证,然后直接根据记账凭证逐笔登记总分类账的一种账务处理程序。在这种账务处理程序下,要求直接根据记账凭证逐笔登记总分类账。它是最基本的一种账务处理程序,是其他账务处理程序的基础。

在记账凭证账务处理程序下,账簿应当设置库存现金日记账、银行存款日记账、明细分类账和总分类账。日记账和总账可采用三栏式;明细分类账可根据需要采用三栏式、数量金额式和多栏式;记账凭证一般使用收款凭证、付款凭证和转账凭证三种格式,也可采用通用记账凭证。

1. 记账凭证账务处理程序的核算程序

记账凭证账务处理程序的核算程序就是在记账凭证账务处理程序条件下,由原始凭证到编制记账凭证、登记明细分类账和总分类账、编制会计报表的工作程序,其核算程序如图4-8所示。

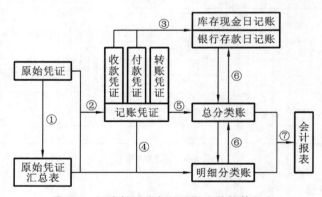

图4-8 记账凭证账务处理程序的核算程序

①根据原始凭证编制原始凭证汇总表;
②根据原始凭证或原始凭证汇总表编制记账凭证(包括收款凭证、付款凭证和转账凭证);
③根据收款凭证、付款凭证逐笔登记库存现金日记账和银行存款日记账;
④根据原始凭证、原始凭证汇总表和记账凭证,登记各种明细分类账;
⑤根据记账凭证逐笔登记总分类账(其格式见图4-9);
⑥月末,将库存现金日记账、银行存款日记账的余额,以及各种明细分类账的余额合计数,分别与总分类账中对应账户的余额核对相符;

⑦月末,根据核对无误的总分类账和明细分类账的记录,编制会计报表。

总　　账　　　　　　　第2页

科　目　银行存款

20XX年		凭证字号		摘要	借方 亿千百十万千百十元角分	核对	贷方 亿千百十万千百十元角分	核对	借或贷	余额 亿千百十万千百十元角分	核对
月	日	字	号								
1	1			上年结转					借	9 6 2 3 5 2 0 0	√
	1	付	1	提现			5 0 0 0 0 0 0	√			
	5	收	2	收回前欠货款	2 4 3 5 0 0 0 0	√					
	8	付	5	采购原材料			1 6 2 5 9 0 0 0	√			
	12	收	8	销售商品	2 2 5 6 0 0 0 0	√					
				……							
1	31			本月合计	5 3 5 2 7 5 0 0	√	6 0 5 2 2 7 5 0	√	借	8 9 2 3 9 9 5 0	√

图 4-9　总分类账格式(记账凭证账务处理程序)

2. 记账凭证账务处理程序的优缺点及适用范围

记账凭证账务处理程序的主要优点是:记账程序简单明了,易于理解;直接根据记账凭证逐笔登记总分类账,使总分类账能详细反映经济业务的发生和完成情况,账户之间的对应关系比较清晰,便于对账和查账。

记账凭证账务处理程序的缺点是:由于需要根据每张记账凭证逐笔登记总分类账,当经济业务发生频繁时,总分类账登记工作量较大,会计核算的组织工作将非常繁重。

在采用手工记账的条件下,记账凭证账务处理程序一般只适用于规模小且经济业务量较少、记账凭证不多的单位。但在采用会计软件记账的条件下,利用计算机进行会计业务的处理,不仅可以减轻登记总分类账的工作、极大地提高工作效率,还能保持账户之间的对应关系清晰的特点。

(二)科目汇总表账务处理程序

科目汇总表账务处理程序又称记账凭证汇总表账务处理程序,它是根据记账凭证定期编制科目汇总表,再根据科目汇总表登记总分类账的一种账务处理程序。科目汇总表账务处理程序的主要特点是,根据记账凭证定期编制科目汇总表,根据科目汇总表登记总分类账。

科目汇总表账务处理程序是由记账凭证账务处理程序演变而来的,因此,它所需设置的各种凭证以及账簿与记账凭证账务处理程序基本相同,只需要另外增设科目汇总表,以作为登记总分类账的依据。

1. 科目汇总表的编制方法

科目汇总表(其格式见图 4-10)是根据记账凭证汇总编制而成的。基本的编制方法是:根据一定时期内的全部记账凭证所涉及的会计科目,按照相同会计科目进行归类(可开设"T"形账户),填列在科目汇总表的"会计科目"栏内,填列的顺序最好与总分类账上会计科目的顺序相同,以便于登记总分类账,然后汇总计算出每一个会计科目的本期借方发生额和贷方发生额,并将其填入科目汇总表相应的栏内,借以反映全部账户的借、贷方发生额。汇总计算以后,还应汇总借方、贷方发生额,进行发生额的试算平衡。试算无误后,据以登记总分类账。

科目汇总表可以每月汇总一次,也可视业务量大小,每日、3日、5日、10日或半月汇总一次。根据科目汇总表登记总分类账时,只需要将该表中汇总起来的各科目的本期借、贷方发生额的合计数,分次或月末一次记入相应总分类账的借、贷方即可。

总页	借(增、收)方金额											会计科目	贷(减、付)方金额										
	张数	亿	千	百	十	万	千	百	十	元	角	分		张数	亿	千	百	十	万	千	百	十	元	角	分
					6	0	5	2	5	2	5	0	库存现金						6	0	4	3	6	5	0	0
						5	3	5	2	7	5	0	银行存款						6	0	5	2	2	7	5	0
						4	3	9	8	3	7	5	0	应收账款						2	3	6	4	5	0	0	0
						1	1	4	9	2	0	0	应收票据													
													在途物资						4	8	7	5	1	2	0	0
						4	8	7	5	1	2	0	0	原材料													
													……						2	4	9	2	4	2	5	0
					2	1	8	2	7	9	7	0	0	合计						2	1	8	2	7	9	7	0	0

科目汇总表
第1号至15号　自20××年1月1日至20××年1月10日　第1号凭证

图 4-10　科目汇总表格式

2. 科目汇总表账务处理程序的核算程序

科目汇总表账务处理程序的核算程序就是在科目汇总表账务处理程序条件下,由原始凭证到编制记账凭证、科目汇总表、登记明细分类账和总分类账、编制会计报表的工作程序。其核算程序如下(见图4-11):

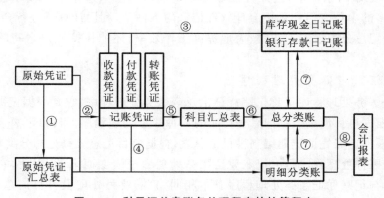

图 4-11　科目汇总表账务处理程序的核算程序

①根据原始凭证编制原始凭证汇总表;
②根据原始凭证或原始凭证汇总表编制记账凭证(包括收款凭证、付款凭证和转账凭证);
③根据收款凭证、付款凭证逐笔登记库存现金日记账和银行存款日记账;
④根据原始凭证、原始凭证汇总表和记账凭证,登记各种明细分类账;
⑤根据记账凭证定期汇总编制科目汇总表;

⑥根据定期编制的科目汇总表,登记总分类账(其格式见图 4-12);

⑦月末,将库存现金日记账、银行存款日记账的余额,以及各种明细分类账的余额合计数,分别与总分类账中对应账户的余额核对相符;

⑧月末,根据核对无误的总分类账和明细分类账的记录,编制会计报表。

总　　账　　　　　　　第 2 页

科　目　银行存款

20XX年		凭证字号		摘要	借方 亿千百十万千百十元角分	核对	贷方 亿千百十万千百十元角分	核对	借或贷	余额 亿千百十万千百十元角分	核对
月	日	字	号								
1	1			上年结转					借	9 6 2 3 5 2 0 0	√
	10	汇	1	1～10日汇总	5 3 5 2 7 5 0 0	√	6 0 5 2 2 7 5 0	√			
	20	汇	2	11～20日汇总	9 8 0 5 2 6 5 0	√	7 9 6 2 5 0 0 0	√			
	31	汇	3	21～31日汇总	2 0 5 2 1 3 0 5 0	√	1 3 6 5 0 2 5 0 0	√			
				本月合计	3 5 6 7 9 3 2 0 0	√	2 7 6 6 5 0 2 5 0	√	借	1 7 6 3 7 8 1 5 0	√

图 4-12　总分类账格式(科目汇总表账务处理程序)

3. 科目汇总表账务处理程序的优缺点及适用范围

科目汇总表账务处理程序的主要优点是:首先,根据定期编制的科目汇总表登记总分类账,大大减少了登记总分类账的工作量;其次,编制科目汇总表,能够起到总分类账入账前的试算平衡作用,便于及时发现问题,采取措施。

科目汇总表账务处理程序的缺点是:科目汇总表是按总账科目汇总编制的,只能作为登记总账和试算平衡的依据,不便于分析和检查经济业务的来龙去脉,不能反映各科目之间的对应关系,不便于查对账目。

科目汇总表账务处理程序主要适用于经济业务量较大的单位。

(三)汇总记账凭证账务处理程序

汇总记账凭证账务处理程序是根据原始凭证或原始凭证汇总表编制记账凭证(收款凭证、付款凭证、转账凭证),定期根据记账凭证分类编制汇总收款凭证、汇总付款凭证和汇总转账凭证,再根据汇总记账凭证登记总分类账的一种账务处理程序。汇总记账凭证账务处理程序区别于其他账务处理程序的主要特点是:定期将记账凭证分类编制汇总记账凭证,然后根据汇总记账凭证登记总分类账。

在汇总记账凭证账务处理程序下,其账簿设置及各种账簿的格式基本上与记账凭证账务处理程序相同,主要有库存现金日记账、银行存款日记账、明细分类账和总分类账。总分类账可以采用三栏式,还可以使用在借、贷两栏开设"对方账户"专栏的多栏式格式。采用这种账务处理程序时,不能够采用通用记账凭证,必须采用专用记账凭证,即收款凭证、付款凭证和转账凭证三种记账凭证。此外,还应增设汇总收款凭证、汇总付款凭证和汇总转账凭证,作为登记总分类账的依据。

1. 汇总记账凭证及其编制方法

汇总记账凭证分为汇总收款凭证、汇总付款凭证和汇总转账凭证三种。其格式如图 4-13、

图 4-14、图 4-15 所示。它是根据收款凭证、付款凭证和转账凭证定期汇总编制而成的,间隔天数视业务量多少而定,一般 5 天或 10 天汇总填制一次,每月编制一张。

汇总收款凭证依据收款凭证,分别按会计分录中"库存现金""银行存款"科目的借方设置,并按分录中对应贷方科目定期进行归类汇总。计算出每一个贷方科目发生额合计数,填入汇总收款凭证的相应栏次,最后汇总计算出贷方科目发生额总合计数,据以分别登记"库存现金"和"银行存款"总账的借方,以及其各对应账户总分类账的贷方。汇总收款凭证的格式如图 4-13 所示。

		汇总收款凭证				
借方科目:		×年×月			汇收第×号	
贷方科目	金 额				总账页数	
	(1)	(2)	(3)	合计	借方	贷方
合计						
附件	(1)自__日至__日__凭证　共__张					
	(2)自__日至__日__凭证　共__张					
	(3)自__日至__日__凭证　共__张					

图 4-13　汇总收款凭证的格式

汇总付款凭证依据付款凭证,分别按会计分录中"库存现金""银行存款"科目的贷方设置,并按分录中对应借方科目定期进行归类汇总。计算出每一个借方科目发生额合计数,填入汇总付款凭证的相应栏次,最后汇总计算出借方科目发生额总合计数,据以分别登记"库存现金"和"银行存款"总账的贷方,以及其各对应账户总分类账的借方。汇总付款凭证的格式如图 4-14 所示。

		汇总付款凭证				
贷方科目:		×年×月			汇付第×号	
借方科目	金 额				总账页数	
	(1)	(2)	(3)	合计	借方	贷方
合计						
附件	(1)自__日至__日__凭证　共__张					
	(2)自__日至__日__凭证　共__张					
	(3)自__日至__日__凭证　共__张					

图 4-14　汇总付款凭证的格式

⚠️ **注意**：在填制时，库存现金和银行存款之间的相互划转业务，应按付款凭证进行汇总，以免重复。如将现金存入银行的业务，只需根据现金付款凭证汇总，银行存款收款凭证就不再汇总。

汇总转账凭证是指按转账凭证中每个贷方科目分别设置，根据汇总期内的转账凭证，按与设置贷方相对应的借方科目进行归类汇总，计算出每一个借方科目发生额合计数，填入汇总转账凭证中，月末，结算出汇总转账凭证的合计数，分别记入该汇总转账凭证所开设的应贷账户总分类账的贷方，以及其各对应账户总分类账的借方。

在汇总记账凭证账务处理程序下，为便于汇总转账凭证的编制，所有转账凭证应是一贷一借或一贷多借，不能填制一借多贷或多借多贷的转账凭证。汇总转账凭证的格式如图4-15所示。

	汇总转账凭证					
贷方科目：	×年×月				汇转第×号	
借方科目	金 额			合 计	总账页数	
	（1）	（2）	（3）		借方	贷方
合 计						
附件	（1）自__日至__日__凭证 共__张					
	（2）自__日至__日__凭证 共__张					
	（3）自__日至__日__凭证 共__张					

图4-15 汇总转账凭证的格式

2. 汇总记账凭证账务处理程序的核算程序

汇总记账凭证账务处理程序的核算程序就是在汇总记账凭证账务处理程序条件下，由原始凭证到编制记账凭证、汇总记账凭证、登记明细分类账和总分类账、编制会计报表的工作程序。其核算程序如图4-16所示。

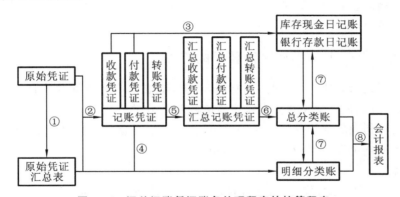

图4-16 汇总记账凭证账务处理程序的核算程序

①根据原始凭证编制原始凭证汇总表;
②根据原始凭证或原始凭证汇总表编制记账凭证(包括收款凭证、付款凭证和转账凭证);
③根据收款凭证、付款凭证逐笔登记库存现金日记账和银行存款日记账;
④根据原始凭证、原始凭证汇总表和记账凭证,登记各种明细分类账;
⑤根据记账凭证定期编制汇总收款凭证、汇总付款凭证和汇总转账凭证;
⑥根据定期编制的汇总收款凭证、汇总付款凭证和汇总转账凭证,登记总分类账;
⑦月末,将库存现金日记账、银行存款日记账的余额,以及各种明细分类账的余额合计数,分别与总分类账中对应账户的余额核对相符;
⑧月末,根据核对无误的总分类账和明细分类账的记录,编制会计报表。

3. 汇总记账凭证账务处理程序的优缺点及适用范围

汇总记账凭证账务处理程序的主要优点是:减轻了登记总分类账的工作量,便于了解账户之间的对应关系。通过汇总记账凭证把一定时期内所有记账凭证进行汇总,月末一次性登记总账,大大减轻了登记总分类账的工作;汇总记账凭证根据记账凭证按照每个科目的对应科目整理、汇总,据以登记总账,仍然保持了科目之间的对应关系,能够反映经济业务的来龙去脉,便于对经济业务进行检查分析,发生差错也便于查找。

汇总记账凭证账务处理程序的缺点是:按每一贷方科目编制汇总转账凭证,不利于会计核算的日常分工,当转账凭证较多时,编制汇总转账凭证的工作量较大。特别是对一借多贷的经济业务,必须分解为几个一借一贷的简单会计分录,不但不能完整地反映一项经济业务的全貌,反而增加了核算工作量。

汇总记账凭证账务处理程序一般适用于规模较大、经济业务较多的单位。

工作任务 4 总分类账与明细分类账的平行登记

一、总分类账与明细分类账的关系

总分类账与明细分类账的核算内容相同,但是反映内容的详略程度不同。总分类账是对明细分类账的概括和总结,对所属明细分类账起着统驭作用;明细分类账是对总分类账的补充,对总分类账的具体内容起着补充说明作用。所以,它们提供的资料相互补充,既总括又详细地反映相同的经济业务。

二、总分类账与明细分类账平行登记的方法

所谓平行登记是指对所发生的每一项经济业务,都要以会计凭证为依据,一方面记入有关总分类账户,另一方面记入有关总分类账户所属的明细分类账户的方法。平行登记既可以满足管理上对总括会计信息和详细会计信息的需求,又可以检查会计记录的完整性和正确性。

平行登记的要点可以概括为"三相同、四相符"。

1."三相同"

(1)会计期间相同。对每项经济业务,应在同一会计期间内依据相同的会计凭证,在记入总分类账户的同时,应分别记入它所属的一个或几个明细分类账户。

(2) 登记的方向相同。将经济业务记入某一总分类账户及其所属的明细分类账户时,必须记在相同的方向:总分类账户记入借方,明细分类账户也记入借方;总分类账户记入贷方,明细分类账户也记入贷方。

(3) 登记的金额相同。记入某一总分类账户的金额必须与记入其所属的一个或几个明细分类账户的金额合计相等。总账记入的是总括数字,明细账记入的是明细数字。

2. "四相符"

(1) 总分类账户的期初余额与所属各明细分类账户的期初余额之和相等。

(2) 总分类账户本期借方发生额合计数与所属各明细分类账户的本期借方发生额合计数之和相等。

(3) 总分类账户本期贷方发生额合计数与所属各明细分类账户的本期贷方发生额合计数之和相等。

(4) 总分类账户的期末余额与所属各明细分类账户的期末余额之和相等。

三、平行登记的检查

在会计期末,为了检查有关总分类账与其所属的明细分类账的记录是否正确,应按不同账户分别编制"明细分类账户本期发生额及余额表",并与其从属的总分类账户相核对。一般来说,平行登记的结果应是以上提到的"四相符"。

"明细分类账户本期发生额及余额表"是根据各明细分类账户的本期记录编制的,通常有两种格式:数量金额的格式和只有金额的格式。以上两种格式的表格与数量金额式明细账和三栏式明细账的账页格式分别对应。编表时可按以下顺序进行:

(1) 填写各明细账户的名称;
(2) 填入各明细账户的期初余额、本期发生额、期末金额;
(3) 计算出金额栏合计数。

编表后,可以根据该表进行总分类账和明细分类账的核对。如果核对相符,说明平行登记的结果是正确无误的;如果不符,说明记账有差错,必须查明原因后进行更正。

现以"原材料"和"应付账款"两个账户为例,说明总分类账与其所属明细分类账的平行登记方法。

【例 4-1】 某公司 20××年 1 月份业务资料如下。

(1) 1 月 1 日,"原材料"和"应付账款"账户的期初余额如表 4-1 所示。

表 4-1 "原材料"和"应付账款"账户的期初余额

总账及明细账	数量	单价	金额
原材料总账			22 500 元
A 原材料明细账	750 千克	10.80 元	8 100 元
B 原材料明细账	1 200 千克	12.00 元	14 400 元
应付账款总账			67 500 元
新兴公司明细账			27 000 元
光大公司明细账			40 500 元

(2) 1 月份发生有关经济业务如下(此处仅说明总账与明细账的平行登记,暂不考虑增值税)。

① 1月1日,向新兴公司购入A材料1 200千克,每千克10.80元,价款12 960元;向光大公司购入B材料900千克,每千克12.00元,价款10 800元。货款尚未支付,材料已验收入库。

② 1月10日,以银行存款偿还新兴公司货款33 750元,光大公司货款45 000元。

③ 1月15日,生产车间为生产甲产品领用A材料1 500千克,为生产乙产品领用B材料1 800千克。

④ 1月22日,向新兴公司购入A材料1 500千克,每千克10.80元,价款16 200元;向光大公司购入B材料600千克,每千克12.00元,价款7 200元。货款尚未支付,材料已验收入库。

⑤ 1月28日,以银行存款偿还新兴公司货款18 000元,光大公司货款9 000元。

要求如下。

(1) 设置账户。根据资料开设"原材料"和"应付账款"总分类账户及所属各明细分类账户,并登记期初余额。

(2) 填制记账凭证并记账。根据本月发生的经济业务填制记账凭证,并根据记账凭证登记"原材料"和"应付账款"总分类账户及所属各明细分类账户。

(3) 月末,结计出"原材料"和"应付账款"各明细账的本期发生额及期末余额,并分别与"原材料"和"应付账款"总账账户的本期发生额及期末余额进行核对。

工作过程如下。

(1) 设置账户。登记期初余额,见表4-2～表4-7中的"上年结转"。

(2) 填制记账凭证(此处用会计分录代替)。

① 借:原材料——A材料　　　　　　　12 960
　　　　　　——B材料　　　　　　　10 800
　　　贷:应付账款——新兴公司　　　　　12 960
　　　　　　　　　——光大公司　　　　　10 800

② 借:应付账款——新兴公司　　　　　33 750
　　　　　　　　——光大公司　　　　　45 000
　　　贷:银行存款　　　　　　　　　　78 750

③ 借:生产成本——甲产品　　　　　　16 200
　　　　　　　　——乙产品　　　　　　21 600
　　　贷:原材料——A材料　　　　　　16 200
　　　　　　　　——B材料　　　　　　21 600

④ 借:原材料——A材料　　　　　　　16 200
　　　　　　——B材料　　　　　　　 7 200
　　　贷:应付账款——新兴公司　　　　　16 200
　　　　　　　　　——光大公司　　　　　 7 200

⑤ 借:应付账款——新兴公司　　　　　18 000
　　　　　　　　——光大公司　　　　　 9 000
　　　贷:银行存款　　　　　　　　　　27 000

根据以上资料,登记有关账簿,见表4-2～表4-7中的各栏记录。

表 4-2
总 分 类 账

账户名称:原材料　　　　　　　　　　　　　　　　　　　　　　　　　　　单位:元

20××年		凭证		摘要	借方	贷方	借或贷	余额
月	日	字	号					
1	1			上年结转			借	22 500
	1	略	略	购入材料	23 760		借	46 260
	15	略	略	生产领用		37 800	借	8 460
	22	略	略	购入材料	23 400		借	31 860
1	31			本月合计	47 160	37 800	借	31 860

表 4-3
原材料明细分类账

品名:A 材料　　　　　　　　　　　　　　　　　　　　　　　　　　　　　单位:元

20××年		凭证		摘要	借 方			贷 方			余 额		
月	日	字	号		数量/千克	单价	金额	数量/千克	单价	金额	数量/千克	单价	金额
1	1			上年结转							750	10.80	8 100
	1	略	略	购入材料	1 200	10.80	12 960				1 950	10.80	21 060
	15	略	略	生产领用				1 500	10.80	16 200	450	10.80	4 860
	22	略	略	购入材料	1 500	10.80	16 200				1 950	10.80	21 060
1	31			本月合计	2 700	10.80	29 160	1 500	10.80	16 200	1 950	10.80	21 060

表 4-4
原材料明细分类账

品名：B 材料　　　　　　　　　　　　　　　　　　　　　　　　　　　　　　　　　　　　　单位：元

20××年		凭证		摘要	借　方			贷　方			余　额		
月	日	字	号		数量/千克	单价	金额	数量/千克	单价	金额	数量/千克	单价	金额
1	1			上年结转							1 200	12.00	14 400
	1	略	略	购入材料	900	12.00	10 800				2 100	12.00	25 200
	15	略	略	生产领用				1 800	12.00	21 600	300	12.00	3 600
	22	略	略	购入材料	600	12.00	7 200				900	12.00	10 800
1	31			本月合计	1 500	12.00	18 000	1 800	12.00	21 600	900	12.00	10 800

表 4-5
总 分 类 账

账户名称：应付账款　　　　　　　　　　　　　　　　　　　　　　　　　　　　　　　　　　单位：元

20××年		凭证		摘要	借方	贷方	借或贷	余额
月	日	字	号					
1	1			上年结转			贷	67 500
	1	略	略	购入材料		23 760	贷	91 260
	10	略	略	偿还货款	78 750		贷	12 510
	22	略	略	购入材料		23 400	贷	35 910
	28	略	略	偿还货款	27 000		贷	8 910
1	31			本月合计	105 750	47 160	贷	8 910

表 4-6
应付账款明细分类账

账户名称:新兴公司　　　　　　　　　　　　　　　　　　　　　　　　　　　　　单位:元

20××年		凭证		摘要	借方	贷方	借或贷	余额
月	日	字	号					
1	1			上年结转			贷	27 000
	1	略	略	购入材料		12 960	贷	39 960
	10	略	略	偿还货款	33 750		贷	6 210
	22	略	略	购入材料		16 200	贷	22 410
	28	略	略	偿还货款	18 000		贷	4 410
1	31			本月合计	51 750	29 160	贷	4 410

表 4-7
应付账款明细分类账

账户名称:光大公司　　　　　　　　　　　　　　　　　　　　　　　　　　　　　单位:元

20××年		凭证		摘要	借方	贷方	借或贷	余额
月	日	字	号					
1	1			上年结转			贷	40 500
	1	略	略	购入材料		10 800	贷	51 300
	10	略	略	偿还货款	45 000		贷	6 300
	22	略	略	购入材料		7 200	贷	13 500
	28	略	略	偿还货款	9 000		贷	4 500
1	31			本月合计	54 000	18 000	贷	4 500

(3)月末,结计出各账户的本期发生额和期末余额(见表4-2～表4-7),并进行平行登记的检查(见表4-8～表4-9)。

表 4-8
原材料明细分类账本期发生额及余额表

20××年1月　　　　　　　　　　　　　　　　　　　　　　　　　　　　　　　　　单位:元

明细账	计量单位	单价	期初余额		本期发生额				期末余额	
			数量	金额	借方		贷方		数量	金额
					数量	金额	数量	金额		
原材料				22 500		47 160		37 800		31 860
A材料	千克	10.80	750	8 100	2 700	29 160	1 500	16 200	1 950	21 060
B材料	千克	12.00	1 200	14 400	1 500	18 000	1 800	21 600	900	10 800
合计				22 500		47 160		37 800		31 860

表 4-9
应付账款明细分类账本期发生额及余额表

20××年1月　　　　　　　　　　　　　　　　　　　　　　　　　　　　　　　　单位:元

明细账	期初余额		本期发生额		期末余额	
	借方	贷方	借方	贷方	借方	贷方
应付账款		67 500	105 750	47 160		8 910
新兴公司		27 000	51 750	29 160		4 410
光大公司		40 500	54 000	18 000		4 500
合计		67 500	105 750	47 160		8 910

从表 4-8 和表 4-9 可以看出,"原材料"总账的期初余额 22 500 元,等于明细账"A 材料"的期初余额 8 100 元加上"B 材料"的期初余额 14 400 元;本期借方发生额 47 160 元,等于"A 材料"的借方发生额 29 160 元加上"B 材料"的借方发生额 18 000 元;本期贷方发生额 37 800 元,等于"A 材料"的贷方发生额 16 200 元加上"B 材料"的贷方发生额 21 600 元;期末余额 31 860 元,等于明细账"A 材料"的期末余额 21 060 元加上"B 材料"的期末余额 10 800 元。同样,"应付账款"总账与其所属明细账的期初、本期借方发生额、本期贷方发生额和期末余额之和也分别相等。

模块 3　对账

工作任务 1　账证、账账及账实核对

登记账簿作为会计核算的方法之一,包括记账、对账和结账 3 个相互联系又不可分割的工作环节。本模块重点讨论对账的要求和方法。

对账,就是核对账目,是保证会计账簿记录质量的重要程序。账簿记录的准确与真实可靠,不仅取决于账簿的本身,还涉及账簿与凭证的关系、账簿记录与实际情况是否相符的问题等。所以,对账应包括账簿与凭证的核对、账簿与账簿的核对、账簿与实物的核对,把账簿记录的数字核对清楚,做到账证相符、账账相符和账实相符。对账工作至少每年进行一次。

在会计工作中,由于种种原因,难免会发生记账、计算等差错,也难免会出现账实不符的现象。为了保证各账簿记录和会计报表的真实、完整和正确,如实地反映和监督经济活动,各单位必须做好对账工作。对账的主要内容如下。

一、账证核对

账证核对是指将会计账簿记录与会计凭证包括记账凭证和原始凭证有关内容进行核对。由于会计账簿是根据会计凭证登记的,两者之间存在勾稽关系,因此,通过账证核对,可以检查、验证会计账簿记录与会计凭证的内容是否正确无误,以保证账证相符。各单位应当定期将会计

账簿记录与其相应的会计凭证记录(包括记账的时间、凭证字号、内容、金额是否一致,记账方向是否相符等)逐项核对,检查是否一致。如有不符之处,应当及时查明原因,予以更正。保证账证相符,是会计核算的基本要求之一,也是账账相符、账实相符和账表相符的基础。

在实际工作中,由于凭证数量太多,要在结账时全部加以核对是不可能的。一般是在日常编制凭证和记账过程中通过复核来进行的,在期末结账时也可进行重点的抽查核对。账证相符是保证账账相符、账实相符的基础。

二、账账核对

账账核对是指将各种会计账簿之间相对应的记录进行核对。为了保证账账相符,必须将各种账簿之间的有关数据相核对,账账核对的主要内容如下。

(1) 总分类账簿有关账户发生额、余额的核对(全部账户的试算平衡)。总分类账中全部账户的本期借方发生额合计应等于本期贷方发生额合计,全部账户的期末借方余额合计应等于期末贷方余额合计。资产类账户余额应等于权益类账户的余额。

(2) 总分类账簿与序时账簿的核对。总分类账中库存现金、银行存款账户的本期发生额合计和期末余额应与库存现金、银行存款日记账的相应数字核对相符。

(3) 总分类账簿与明细分类账簿的核对(平行登记的结果检查)。总分类账的本期发生额和期末余额应与所属的各明细分类账的本期发生额合计和期末余额合计核对相符。

(4) 各部门财产物资明细账的核对。会计部门有关财产物资的明细账的余额与财产物资保管部门或使用部门相应明细账的余额核对相符。

以上各种账簿之间的核对,可以直接核对,也可以通过编表间接核对。

三、账实核对

账实核对是指各项财产物资、债权债务的账面余额与实有数额之间的核对。为了保证账实相符,必须将各种账簿记录与有关财产物资、债权债务的实有数额进行核对。账实核对的主要内容如下。

(1) 现金日记账账面余额与现金实际库存数相核对。
(2) 银行存款日记账账面余额与开户银行账目(银行对账单)相核对。
(3) 各种财产物资明细账账面余额与财产物资实存数额相核对。
(4) 各种债权债务明细账账面余额与有关债权、债务单位或个人的账面记录相核对。

以上各种账实核对,一般是通过财产清查的方法进行的。财产清查是会计核算的专门方法之一。

工作任务2 财产清查

一、财产清查的含义

(一) 财产清查的概念和意义

财产清查是指通过对货币资金、实物资产和往来款项的盘点与核对,确定其实存数,查明其账面结存数与实存数是否相符的一种会计核算的专门方法。

会计是一个以提供财务信息为主的经济信息系统。在对会计信息系统质量的要求中,财务信息的真实性与可靠性是最重要的。根据企业财务管理的要求,各经济单位应通过账簿记录来反映和监督各项财产物资的增减变化及结存情况。但是,只有账簿记录正确还不能说明账簿所做的记录真实可靠,由于种种主观、客观因素,常常会出现账实不符的现象。因此,运用财产清查的手段,对各种财产物资进行定期或不定期的核对和盘点,对于加强企业管理、充分发挥会计的监督作用具有十分重要的意义;可以保证账实相符,使会计核算资料真实、可靠;可以保护各项财产物资的安全、完整;可以挖掘财产物资的潜力,促进财产物资的有效利用;可以保证财经纪律和结算纪律的执行。

(二) 财产清查的种类

1. 按清查的对象和范围分

财产清查按照清查的对象和范围,可以分为全面清查和局部清查。

1) 全面清查

全面清查是指对企业所有的财产进行全面的盘点和核对。其特点是内容多、范围广、工作量大。一般在以下几种情况下需要进行全面清查。

(1) 年终决算前,要进行一次全面清查,以保证会计报表信息的真实性。

(2) 单位破产、撤销、合并或改变隶属关系时,要进行全面检查,以明确经济单位的责任。

(3) 开展资产评估、清理核算资产等活动,需要进行全面清查,以便按需要组织资金的供应。

(4) 单位主要负责人调离工作时,需要进行全面清查,以便明确责任。

(5) 核定企业资本金时也要进行全面清查。

2) 局部清查

局部清查是指根据需要对部分财产物资进行盘点与核对。局部清查主要包括对货币资金、存货等流动性较强的财产进行清查。其特点是清查范围小、内容少,但专业性强。局部清查的内容如下。

(1) 每日终了,应由出纳员将库存现金点清,做到日清月结。

(2) 每月应由出纳员将银行存款和银行借款同银行核对一次。

(3) 材料、在产品和产成品应有计划地每月重点抽查,贵重的财产物资应每月清查盘点一次。

(4) 各结算账户应在年度中至少同对方核对一到两次。

2. 按清查的时间分

财产清查按照清查的时间,可以分为定期清查和不定期清查。

1) 定期清查

定期清查是指根据事先计划安排好的时间,对企业财产物资进行的清查。这种清查的范围不定,可以是全面清查,也可以是局部清查,一般在年末、半年末、季末或月末结账前进行。

2) 不定期清查

不定期清查就是事先不规定清查时间,而是根据需要随时组织进行的清查。其清查的范围可以是全面清查,也可以是局部清查。一般在更换财产物资的保管人员、出纳,发生自然灾害或意外损失以及上级主管部门和财政、审计部门对本单位进行财务检查等情况下进行不定期清查。

（三）财产清查的一般程序

财产清查的程序一般包括以下几个步骤：

(1) 建立财产清查组织；

(2) 组织清查人员学习有关政策规定，掌握有关法律、法规相关业务知识，以提高财产清查工作的质量；

(3) 确定清查对象、范围，明确清查任务；

(4) 制订清查方案，具体安排清查内容、时间、步骤、方法，以及必要的清查前准备；

(5) 清查时本着先清查数量、核对有关账簿记录等，后认定质量的原则进行；

(6) 填制盘存清单；

(7) 根据盘存清单填制实物、往来账项清查结果报告表。

（四）财产物资的盘存制度

财产物资的盘存制度有永续盘存制和实地盘存制两种。在不同的盘存制度下，企业各项财产物资在账簿中的记录方法和清查盘点的目的是不同的。

1. 永续盘存制

永续盘存制又称账面盘存制，是指平时对各项财产物资的增加数和减少数都要根据会计凭证记入有关账簿，并随时在账簿中结出各项财产物资的账面结存数额的一种盘存制度。其目的是以账存数控制实存数。在永续盘存制下，期末账面结存数的计算公式如下：

$$期末结存数＝期初结存数＋本期增加数－本期减少数$$

采用永续盘存制，通过会计账簿资料就可以完整地反映存货的收入、发出和结存情况。

在没有发生丢失和被盗的情况下，存货账户的余额应与实际库存相符。采用永续盘存制并不排除对存货的实物盘点，为了核对存货账面记录，加强对存货的管理，每年至少应对存货进行一次全面的盘点，具体次数视企业内部控制要求而定。

2. 实地盘存制

实地盘存制也称定期盘存制，它是以期末盘点实物的结果为依据来确认财产物资结存数量的一种方法。实地盘存制即平时只根据会计凭证在账簿中登记财产物资的增加数，不登记减少数，到月末，对各项财产物资进行盘点，根据实地盘点所确定的结存数，倒挤出本月各项财产物资减少数的一种方法。在实地盘存制下，本期减少数的计算公式如下：

$$本期减少数＝期初结存数＋本期增加数－期末实地盘存数$$

采用实地盘存制，工作简单，工作量小，但不能随时掌握财产物资的占用情况及动态，不利于加强对财产物资的管理，不便于实行会计监督，而且倒挤出的各项财产物资的减少数中成分比较复杂，除了正常耗用的外，可能还有毁损和丢失的，所以非特殊原因，一般情况下不宜采用。

二、财产清查的方法

1. 现金的清查

现金的清查是通过实地盘点的方法，确定现金的实存数，再与现金日记账的账面余额进行核对，以查明现金是否账实相符。现金的清查工作包括两方面的内容：一是日常的现金清查工作，要求出纳员对现金的收、付、存情况做到日清月结，即每日终了清点现金实有数额，并与现金日记账核对,这是出纳人员的分内职责;二是清查小组对现金定期或不定期的清查与核对。

现金清查中应注意以下问题。

(1) 为了明确经济责任,对现金进行清查时,出纳人员必须在场,一方面逐一清查现金实有数,并与现金日记账核对,查明是否账实相符;另一方面检查现金管理制度的遵守情况,如现金是否超过规定的限额,有无坐支行为,是否存在白条抵库现象等。

(2) 发现现金盈余或短缺,应尽快查明差异原因,并在现金盘点报告表中列明实存、账存及盈余金额和原因,及时报告有关负责人,根据不同情况做出处理。

现金盘点后应立即填制"现金盘点报告表"。"现金盘点报告表"是重要的原始凭证,既起"盘存单"的作用,又起"实存账存对比表"的作用。"现金盘点报告表"应由盘点人员和出纳人员共同签章方能生效。其一般格式如表4-10所示。

2. 银行存款的清查

银行存款的清查方法与库存现金的清查方法不同,它是采用与开户银行核对账目的方式进行的,即将本单位的银行存款日记账与从开户银行取得的对账单逐笔进行核对,以查明银行存款的收入、付出和结余的记录是否正确。在同开户银行核对账目之前,应将本单位的银行存款业务全部登入银行存款日记账。银行存款的清查一般在月末进行。

表 4-10
现金盘点报告表

单位名称:大地公司　　　　　　20××年12月31日　　　　　　　　　　　单位:元

币种	实存金额	账存金额	对比结果		备注
			盘盈	盘亏	
人民币	760	780		20	原因待查
合计	760	780		20	

盘点人:　　　　　　　　　　　　　　　　　　出纳员:

从理论上看,对于企业的每一笔银行存款收支,企业的出纳人员要登记银行存款日记账,银行的记账人员要登记对账单,二者应该是相符的。但在实际工作中,企业银行存款日记账余额与银行对账单余额往往不一致,其主要原因:一是双方账目发生错账、漏账;二是正常的"未达账项"。所谓"未达账项",是指由于企业和银行之间对于同一项经济业务,由于取得原始凭证的时间不同,导致记账时间不一致而发生的一方已经入账,而另一方尚未入账的款项。企业与银行之间的未达账项,通常有以下四种情况。

(1) 银行已收款入账而企业未收款入账的款项。如银行代企业收回一笔外地货款,银行已记存款增加,而企业由于尚未收到汇款凭证,未记增加,因而形成银行已收款入账而企业尚未收款入账的情况。

(2) 银行已付款入账而企业未付款入账的款项。如银行代企业支付某笔费用,银行已记存款减少,而企业尚未接到有关凭证,未记减少,因而形成银行已付款记账而企业尚未付款记账的情况。

（3）企业已收款入账而银行未收款入账的款项。如企业收到转账支票,送存银行后,登记银行存款增加,而银行由于尚未收妥该笔款项,尚未记账,因而形成企业已收款入账而银行尚未收款入账的情况。

（4）企业已付款入账而银行未付款入账的款项。如企业开出支票支付某笔款项,并根据有关单据登记银行存款减少,而此时银行由于尚未收到该笔款项的支付凭证,未记减少,因而形成企业已付款记账而银行尚未付款记账的情况。

出现第一种和第四种情况时,会使企业银行存款日记账账面余额小于银行对账单的存款余额;出现第二种和第三种情况时,会使企业银行存款日记账账面余额大于银行对账单的存款余额。上述任何一种情况的存在,都会使企业银行存款日记账账面余额和银行对账单的存款余额不一致。因此,为了查明企业和银行双方账目的记录有无差错,同时也是为了发现未达账项,在进行银行存款清查时,必须将企业的银行存款日记账与银行对账单逐笔核对。通过核对,如果发现企业有错账或漏账,应立即更正;如果发现银行有错账或漏账,应立即通知银行查明更正;如果发现有未达账项,应据以编制"银行存款余额调节表",待调整后,再确定企业与银行之间记账是否一致。

"银行存款余额调节表"的编制方法是在表上以银行和企业现有银行存款余额为基础,各自补记对方已入账而自己未入账的款项,然后检查经过调节后的账面余额是否相等。用公式表示如下：

银行存款日记账账面余额＋银行已收企业未收款项－银行已付企业未付款项＝银行对账单余额＋企业已收银行未收款项－企业已付银行未付款项

采用这种方法,若双方调节后的余额相等,说明双方记账相符;若不等,则说明记账有误,应予以更正。调节后的余额为企业实际可以动用的款项。

注意："银行余额调节表"只起对账作用,不能作为调节账面余额的凭证,不是原始凭证。

说明：上述银行存款的清查方法,也适用于各种银行借款的清查。但在清查银行借款时,还应检查借款是否按规定的用途使用,是否按期归还。

【例 4-2】 20××年 9 月 30 日某企业银行存款日记账的账面余额为 46 500 元,银行对账单的余额为 54 000 元,经逐笔核对,发现有下列未达账项。

① 28 日,企业销售产品收到一张 3 000 元的转账支票,将支票存入银行,银行尚未办理入账手续。

② 29 日,企业采购原材料开出一张 1 500 元的转账支票,企业已作银行存款付出,银行尚未收到支票而未入账。

③ 29 日,企业开出一张 375 元的现金支票,银行尚未入账。

④ 30 日,银行代企业支付电话费 750 元,因付款通知尚未到达企业,企业尚未入账。

⑤ 30 日,银行代企业支付电费 2 625 元,因付款通知尚未到达企业,企业尚未入账。

⑥ 30 日,银行代企业收回货款 12 000 元,因收款通知尚未到达企业,企业尚未入账。

根据以上资料编制银行存款余额调节表,如表 4-11 所示。

表 4-11
银行存款余额调节表
20××年9月30日　　　　　　　　　　　　　　　　　　　　　　　　单位:元

项　　目	金额	项　　目	金额
企业银行存款日记账余额	46 500	银行对账单余额	54 000
加:银行已收,企业未收款项		加:企业已收,银行未收款项	
1.银行代收货款	12 000	1.存入的转账支票	3 000
减:银行已付,企业未付款项		减:企业已付,银行未付款项	
1.银行代付电费	2 625	1.开出转账支票	1 500
2.银行代付电话费	750	2.开出现金支票	375
调节后的存款余额	55 125	调节后的存款余额	55 125

3. 实物资产的清查

对于各种实物资产如原材料、半成品、在产品、产成品、低值易耗品、包装物、固定资产、工程物资等,都要从数量和质量上进行清查。由于实物的形态、体积、重量、堆放方式等不尽相同,因而所采用的清查方法也不尽相同。实物数量的清查方法,比较常用的有以下几种。

(1)实地盘点法,是指在财产物资存放现场通过逐一清点或用计量器具来确定实物的实存数量。这种方法适用范围广,要求严格。数字准确可靠,清查质量高,但工作量大,适用于可以逐一点数、丈量、过磅的实物清查。

(2)技术推算法,是指通过量方、计尺等技术方法推算财产物资的结存数量。这种方法适用于成堆量大、价值不高、难以逐一清点的财产物资的清查。

(3)抽样盘点法,是指从总体中选取所需要的个体,通过盘点个体的数量,推断出总体数量的一种方法。这种方法适用于价值小、数量多、重量比较均匀的实物的清查。

为了明确经济责任,实物清查过程中,有关实物财产的保管人员必须在场,并参加盘点工作。对各项财产的盘点结果,应如实准确地登记在"盘存单"上,并由盘点人和实物保管人员同时签章。"盘存单"既是财产盘点结果的书面证明,也是反映实物财产实存数的原始凭证。其一般格式如表 4-12 所示。

表 4-12
盘存单

单位名称:大地公司　　　盘点时间:20××年12月31日　　　编号:2#库
财产类别:原材料　　　　存放地点:原料仓库　　　　　　　　金额单位:元

编号	名称	规格	计量单位	数量	单价	金额	备注
101	丙材料		千克	1 200	15	18 000	
102	乙材料		套	280	22	6 160	

盘点人:王乐　　　　　　　　　　　　　　　　　　保管人:张悦

盘点结束后,将"盘存单"中所记录的实存数额与账面结存余额核对,填制"实存账存对比表",确定实物财产的盘盈数或盘亏数。在实际工作中,只要求对账实不符的实物财产编制"实存账存对比表",对于账实相符的实物财产则不需编表,以简化手续。"实存账存对比表"是记录财产清查结果的原始报表,是调整账簿记录的原始凭证,也是分析盈亏原因、明确经济责任的重要依据。"实存账存对比表"的一般格式如表 4-13 所示。

表 4-13
实存账存对比表

财产类别:原材料　　　20××年12月31日　　　编号:001　　　　　　单位:元

编号	类别及名称	计量单位	单价	实存		账存		对比结果				备注
								盘盈		盘亏		
				数量	金额	数量	金额	数量	金额	数量	金额	
101	甲材料	千克	15	1 200	18 000	1 250	18 750			50	750	原因待查
102	乙材料	套	22	280	6 160	278	6 116	2	44			原因待查

主管人员:　　　　　　　　　会计:　　　　　　　制表:

4. 往来款项的清查

往来款项的清查,是指对本单位与其他单位发生的各种债权、债务等结算业务进行的清查。往来款项一般采用发函询证的方法进行核对,即企业按经济往来单位编制"往来款项对账单",送往各经济往来单位进行核对。对账单一般一式两联,其中一联作为回单,如果对方单位核对相符,应在回单上加盖公章后退回,表示已核对无误;如果核对不符,则应将不符的情况在回单上注明,或另抄对账单退回企业,以便进一步查明原因,再行核对,直到相符为止。

三、财产清查结果的处理

(一) 财产清查结果的处理步骤

财产清查的结果,必须按国家有关制度的规定予以处理。对账产清查中发现的盘盈盘亏等情况,一般分以下两个步骤进行账务处理。

(1) 审批之前,根据"清查结果报告表""盘点报告表"等已经查实的数据资料,编制记账凭证,记入有关账簿,使账簿记录与实际盘存数相符。同时根据企业的管理权限,将处理建议报股东大会或董事会,或经理(厂长)会议,或类似机构批准。

(2) 审批之后,根据审批的意见,进行差异处理,调整账项。

(二) 财产清查结果的账务处理

为了反映和监督各单位在财产清查过程中查明的各种财产物资的盘盈、盘亏、毁损及其报经批准后的转销数额,企业应设置"待处理财产损溢"账户。该账户属于双重性质的账户,下设"待处理流动资产损溢"和"待处理非流动资产损溢"两个明细分类账户,以进行明细分类核算。

该账户的借方登记各种财产物资的盘亏或毁损数及按照规定程序批准的盘盈财产转销数,贷方登记各种财产物资的盘盈数及按照规定程序批准的盘亏、毁损财产转销数。借方余额表示尚未处理的各种财产物资的净损失数,贷方余额表示尚未处理的各种财产物资的净盈余数,清查结果经批准处理后,该账户无余额。

1. 库存现金清查结果的账务处理

财产清查发现有待查明原因的现金短缺或溢余,应通过"待处理财产损溢——待处理流动资产损溢"账户核算。属于现金短缺的,审批之前,应按实际短缺的金额,借记"待处理财产损溢——待处理流动资产损溢"账户,贷记"库存现金"账户;属于现金溢余的,审批之前,应按实际溢余的金额,借记"库存现金"账户,贷记"待处理财产损溢——待处理流动资产损溢"账户,待查明原因后做如下处理。

若为现金短缺,属于应由责任人赔偿的部分,借记"其他应收款——×××",贷记"待处理财产损溢——待处理流动资产损溢"账户;属于无法查明原因的其他短缺,根据管理权限,经批准处理后,借记"管理费用"账户,贷记"待处理财产损溢——待处理流动资产损溢"账户。

若为现金溢余,属于应支付给有关人员的,应借记"待处理财产损溢——待处理流动资产损溢"账户,贷记"其他应付款——×××"账户;属于无法查明原因的现金溢余,经批准后,借记"待处理财产损溢——待处理流动资产损溢"账户,贷记"营业外收入"账户。

【例4-3】 某公司20××年1月30日,对现金进行清查,发现现金总额比账面余额少1 800元。后经调查发现,该现金短缺,应由出纳张红负责赔偿600元,公司承担管理责任1 200元,经批准,同意1 200元作"管理费用"列支。

这项经济业务报经批准前,编制会计分录如下:

借:待处理财产损溢——待处理流动资产损溢　　1 800
　　贷:库存现金　　　　　　　　　　　　　　　1 800

经批准后,编制会计分录如下:

借:其他应收款——张红　　　　　　　　　　　　600
　　管理费用　　　　　　　　　　　　　　　　1 200
　　贷:待处理财产损溢——待处理流动资产损溢　1 800

【例4-4】 某公司20××年1月30日,对现金日记账进行清查,发现现金总额比账面余额多出360元,经查实无来源,决定作"营业外收入"处理。

这项经济业务报经批准前,编制会计分录如下:

借:库存现金　　　　　　　　　　　　　　　　　360
　　贷:待处理财产损溢——待处理流动资产损溢　　360

经批准后,编制会计分录如下:

借:待处理财产损溢——待处理流动资产损溢　　　360
　　贷:营业外收入　　　　　　　　　　　　　　360

2. 存货清查结果的账务处理

当发现材料、半成品、产成品等存货盘盈时,审批之前,应根据"实存账存对比表",将盘盈存货的价值记入"原材料""生产成本""库存商品"等账户的借方,同时记入"待处理财产损溢——待处理流动资产损溢"账户的贷方;报经批准后,借记"待处理财产损溢——待处理流动资产损溢",贷记"管理费用"。

【例 4-5】 某企业财产清查中盘盈 A 材料 1 500 千克。经查明是由于收发计量上的错误所造成的,按每千克 5 元入账。其会计处理如下。

批准前,
借:原材料——A 材料　　　　　　　　　　　　　　7 500
　　贷:待处理财产损溢——待处理流动资产损溢　　　　7 500
批准后,冲减管理费用,
借:待处理财产损溢——待处理流动资产损溢　　　　7 500
　　贷:管理费用　　　　　　　　　　　　　　　　　7 500

对于材料、半成品、产成品等存货的盘亏或毁损,审批之前,应根据"实存账存对比表",将盘亏存货的价值记入"原材料""生产成本""库存商品"等账户的贷方,同时记入"待处理财产损溢——待处理流动资产损溢"账户的借方;报经批准后,再根据造成亏损的原因,分别以下列情况进行账务处理。

(1) 属于自然损耗产生的定额内的合理损耗,经批准后即可记入"管理费用"。
(2) 属于超定额短缺的,能确定过失人的应由过失人负责赔偿,记入"其他应收款";属于保险责任范围的,应向保险公司索赔,记入"其他应收款";扣除过失人或保险公司赔款和残料价值后的余额,记入"管理费用"。
(3) 属于非常损失所造成的存货毁损,扣除保险公司赔款和残料价值后,记入"营业外支出"。

【例 4-6】 某企业盘亏乙产品 200 千克,单位成本 50 元。经查明,属于定额内合理损耗。其会计处理如下。

批准前,
借:待处理财产损溢——待处理流动资产损溢　　　　10 000
　　贷:库存商品——乙产品　　　　　　　　　　　　10 000
经批准后,计入"管理费用",
借:管理费用　　　　　　　　　　　　　　　　　　10 000
　　贷:待处理财产损溢——待处理流动资产损溢　　　10 000

【例 4-7】 某企业盘亏 B 材料 10 件,每件成本为 100 元。相关增值税专用发票上注明的增值税税额为 130 元。经查明,是由于工作人员失职造成的材料毁损,应由过失人赔偿 500 元,毁损材料残值 200 元。其会计处理如下。

批准前,
借:待处理财产损溢——待处理流动资产损溢　　　　1 130
　　贷:原材料——B 材料　　　　　　　　　　　　　1 000
　　　　应交税费——应交增值税(进项税额转出)　　　130
经批准后,区别不同情况进行处理。
① 由过失人赔偿,
借:其他应收款——×××　　　　　　　　　　　　500
　　贷:待处理财产损溢——待处理流动资产损溢　　　500
② 残料作价入库,
借:原材料——B 材料　　　　　　　　　　　　　　200

　　　　贷：待处理财产损溢——待处理流动资产损溢　　　　　　200
　　③扣除过失人的赔款和残值后的盘亏数,计入"管理费用",
　　　借：管理费用　　　　　　　　　　　　　　　　　　　　430
　　　　贷：待处理财产损溢——待处理流动资产损溢　　　　　　430

【例4-8】　某企业为增值税一般纳税人,因地震造成甲材料毁损,实际成本为9 000元,相关增值税专用发票上注明的增值税税额为1 170元。根据保险合同约定,保险公司应给予5 000元的赔偿。其会计处理如下。

　　批准前,
　　　借：待处理财产损溢——待处理流动资产损溢　　　　　9 000
　　　　贷：原材料——甲材料　　　　　　　　　　　　　　　9 000
　　经批准后,区别不同情况进行处理。
　　①由保险公司赔偿部分,
　　　借：其他应收款——保险公司　　　　　　　　　　　　5 000
　　　　贷：待处理财产损溢——待处理流动资产损溢　　　　 5 000
　　②计入"营业外支出"部分,
　　　借：营业外支出　　　　　　　　　　　　　　　　　　4 000
　　　　贷：待处理财产损溢——待处理流动资产损溢　　　　 4 000

3. 固定资产清查结果的账务处理

在固定资产清查过程中,如果有盘盈的固定资产,按照企业会计准则的规定,作为前期差错处理。按同类或类似盘盈固定资产的市场价格,减去按该项资产的新旧程度估计价值损耗的余额,借记"固定资产",贷记"以前年度损益调整"。

对于盘亏或毁损的固定资产,审批之前,应根据"固定资产盘盈、盘亏报告表",按固定资产账面原始价值,贷记"固定资产"账户,按已计提的折旧借记"累计折旧"账户,按固定资产账面原始价值减去累计折旧的差额借记"待处理财产损溢——待处理非流动资产损溢"账户,经批准转销后,应按盘亏固定资产的净值,借记"营业外支出"账户,贷记"待处理财产损溢——待处理非流动资产损溢"账户。

【例4-9】　某企业在财产清查中,盘亏设备一台,其原价为50 000元,累计折旧为30 000元。

　　批准前,
　　　借：待处理财产损溢——待处理非流动资产损溢　　　 20 000
　　　　　累计折旧　　　　　　　　　　　　　　　　　　 30 000
　　　　贷：固定资产　　　　　　　　　　　　　　　　　 50 000
　　经查明,盘亏原因是自然灾害所导致的,损失经批准后作为"营业外支出"。其会计处理如下。
　　　借：营业外支出　　　　　　　　　　　　　　　　　 20 000
　　　　贷：待处理财产损溢——待处理非流动资产损溢　　 20 000

4. 往来款项清查结果的账务处理

企业在财产清查中查明确实无法收回的应收账款和无法支付的应付账款,按规定不通过"待处理财产损溢"账户进行核算,而是在原来账面记录的基础上,按规定程序报经批准后,直接转账冲销。

对于确实无法收回的应收账款,在不计提坏账准备的企业,借记"信用减值损失",贷记"应收账款";在计提坏账准备的企业,借记"坏账准备",贷记"应收账款"。

对于确实无法支付的应付账款,借记"应付账款",贷记"营业外收入"。

【例4-10】 某企业在财产清查中,发现一笔长期无法支付的应付账款5 000元,经查实,对方单位已经解散,经批准作销账处理。

借:应付账款　　　　　　　5 000
　　贷:营业外收入　　　　　　5 000

工作任务3　错账更正

登记会计账簿是一项很细致的工作,在记账工作中,可能由于种种原因会使账簿记录发生错误。其中有些错账,当你发现时,就已经知道错在哪里了;而有些错账,当你发现时,只知道错了,但错在哪里了还不知道。第一种情况,可以直接采取适当的方法对错账进行更正,而第二种情况,则要先查找出错账所在,然后再进行更正。

一、错账的查找方法

查找错账的方法,一般有基本查找法和技术查找法两种。

1．基本查找法

基本查找法又包括顺查法和逆查法两种。

顺查法亦称正查法,是按照账务处理的顺序,从原始凭证开始,逐笔查到会计报表的一种查账方法。顺查法即首先检查记账凭证是否正确,然后将记账凭证、原始凭证同有关账簿记录一笔一笔地进行核对,最后检查有关账户的发生额和余额。这种检查方法,可以发现重记、漏记、错记科目、错记金额等错误。这种方法一般是在采用其他方法查找不到错误的情况下采用。

逆查法亦称反查法,这种方法与顺查法的查账顺序相反,是按照账务处理的顺序,从会计报表、账簿到原始凭证的一种查账方法。逆查法即先检查各有关账户的余额是否正确,然后将有关账簿按照记录的顺序由后向前同有关记账凭证或原始凭证进行逐笔核对,最后检查有关记账凭证的填制是否正确。

2．技术查找法

技术查找法一般有差额法、除2法和除9法三种。

(1) 差额法。差额法是指按照错账的差数查找错账的方法,即查找账簿中的各个金额有无与错账的差额相同的数字。其表现形式是:借方金额遗漏,会使该金额在贷方超出;贷方金额遗漏,会使该金额在借方超出。对于这样的差错,可由会计人员通过回忆和与相关金额的记账核对来查找。

(2) 除2法。除2法是用正确与错误金额之差除以2后得出的商数来判明、查找错账的一种方法。它用来查找记错方向而产生的记账错误。如果某一数字记反了方向,就会使一方发生额增大,另一方发生额减少,差错数一定是记反方向数字的2倍,所以将其差错数除以2之后,如能整除,其商数即可能是记反方向的数字,再据此数字进行查找具体的记反方向的错账。

(3) 除9法。除9法是用正确与错误金额之差除以9后得出的商数来判明、查找错账的一种方法。它是用来查找数字错位(如100记为1 000或1 000记为100等)或位数颠倒(如58记为85或85记为58等)而产生的记账错误。多记一位数或少记一位数都使原来金额增加9倍或减少9倍(多记或少记两位时,是99的倍数;多记或少记三位时,是999的倍数等),都能被9整除;记错位数而产生的差额也都是9的倍数,都能被9整除。将出现的错账差数除以9,如能整除,说明错账可能是由于数字错位或位数颠倒而引起的,再以被9除后所得的商作为线索去具体查找错账。查找出错账以后,应根据错账的不同性质,采用不同的方法进行更正。

二、错账的更正方法

对于登记账簿中发生的差错,一经查出就应立即更正。更正错账不准涂改、挖补、刮擦或者用药水消除字迹,不准重新抄写,而必须根据错误的具体情况和性质,采用规范的方法予以更正。常用的错账更正方法有划线更正法、红字更正法和补充登记法等几种。

1. 划线更正法

在记账或结账过程中发现账簿记录中文字或数字有错误,而记账凭证填制正确,应采用划线更正法。具体做法是:先在错误的文字或数字(整个数字)上划一条红线,表示注销,划线时必须使原有字迹仍可辨认,以备查验;然后将正确的文字或数字用蓝字写在划线处的上方空白处,并由记账人员在更正处加盖个人印章,以明确责任。对于文字的错误,可以只划去错误的部分,并更正错误的部分,对于错误的数字,应当全部划红线更正,不能只更正其中的个别错误数字。例如,把"2 657"元误记为"6 657"元时,应将错误数字"6 657"全部用红线注销后,再写上正确的数字"2 657",而不是只改一个"6"字。

2. 红字更正法

在记账以后,在当年内如果发现记账凭证所记的会计科目有错误,或者会计科目无误而所记金额大于应记金额,从而引起的记账错误,可以用红字更正法进行更正。具体可分为以下两种情况。

(1) 记账后发现记账凭证中的应借、应贷会计科目有错误。更正时,先用红字编制一张内容与错误的记账凭证完全相同的记账凭证,在摘要栏注明"注销某月某日第×号凭证错账",并据以用红字金额登记入账,以冲销账簿中原有的错误记录;然后再用蓝字重新编制一张正确的记账凭证,在摘要栏注明"更正某月某日第×号凭证错账",并登记入账,以更正错账记录。

【例4-11】 20××年11月15日,甲车间领用A材料8 000元用于一般消耗。
15日填制记账凭证时,误将借方科目写成"生产成本",并已登记入账。
原错误记账凭证为:
借:生产成本——甲车间——××产品　　8 000
　　贷:原材料——A材料　　　　　　　　　　　8 000
11月月末,发现错误后,用红字填制一张与原错误记账凭证内容完全相同的记账凭证。
借:生产成本——甲车间——××产品　　|8 000|
　　贷:原材料——A材料　　　　　　　　　　　|8 000|
用蓝字填制一张正确的记账凭证。
借:制造费用——甲车间——物料消耗　　8 000

贷:原材料——A 材料　　　　　　　　　　　　　8 000

　（2）记账后发现记账凭证和账簿记录中应借、应贷的账户没有错误,但所记金额大于应记金额。对于这种账簿记录的错误,更正的方法是:将多记的金额用红字填制一张与原错误记账凭证应借、应贷会计科目完全相同的记账凭证,并在摘要栏注明"冲销某月某日第×号凭证多记金额",并据以登记入账,以冲销多记的金额,使错账得以更正。

【例 4-12】　仍以例 4-11 资料为例,假设在编制记账凭证时应借、应贷账户没有错误,只是金额由 8 000 元写成了 80 000 元,并且已登记入账。

　　该项业务只需用红字更正法,编制一张记账凭证将多记的金额 72 000 元用红字冲销即可。编制的记账凭证为:

　　借:制造费用——甲车间——物料消耗　　72 000
　　　贷:原材料——A 材料　　　　　　　　72 000

3. 补充登记法

在记账之后,如果发现记账凭证中应借、应贷的账户没有错误,但所记金额小于应记金额,造成账簿中所记金额也小于应记金额,这种错账应采用补充登记法进行更正。更正的方法是:将少记金额用蓝笔填制一张与原错误记账凭证应借、应贷会计科目完全相同的记账凭证,并在摘要栏内注明"补充登记某月某日第×号凭证少记金额",并据以登记入账,补足原少记金额,使错账得以更正。

【例 4-13】　仍以例 4-11 资料为例,假设在编制记账凭证时应借、应贷账户没有错误,只是金额由 8 000 元写成了 800 元,并且已登记入账。

该项业务只需用补充登记法编制一张记账凭证将少记的金额 7 200 元补足便可。其记账凭证为:

　　借:制造费用——甲车间——物料消耗　　7 200
　　　贷:原材料——A 材料　　　　　　　　7 200

错账更正的红字更正法和补充登记法都是用来更正因记账凭证错误而产生的记账错误,如果非因记账凭证的差错而产生的记账错误,只能用划线更正法更正。

> **注意**:以上三种方法是对当年内发现填写记账凭证或者登记账簿错误而采用的更正方法,如果发现以前年度记账凭证中有错误(指会计科目和金额)并导致账簿登记出现差错,应当用蓝字填制一张更正的记账凭证。因错误的账簿记录已经在以前会计年度终了进行结账或决算,不可能将已经决算的数字进行红字冲销,只能用蓝字凭证对除文字外的一切错误进行更正,并在更正凭证上特别注明"更正××年度错账"的字样。

模块 4　结账

结账就是在把一定时期内发生的全部经济业务登记入账的基础上,按规定的方法结算出每个账户的本期发生额和期末余额,结束本期账簿记录并将期末余额转入下期或下年新账。结账工作于各会计期末进行,而会计期间一般按日历时间划分为年、季、月,所以结账相应地分为年结、季结、月结。

一、结账的基本程序

为了保证结账的有用性,确保会计报表的正确性,结账前,必须将属于本期内发生的各项经济业务和应由本期受益的收入、负担的费用全部登记入账。结账的基本程序具体如下。

(1)将本期发生的经济业务全部登记入账,并保证其正确性。不得为赶编财务会计报表而提前结账,更不得先编制财务会计报表后结账。

(2)按照权责发生制的要求,调整期末账项,合理确定本期应计的收入和应计的费用。

(3)将损益类账户的本期发生额转入"本年利润"账户,结平所有损益类账户,计算出本年实现的利润。

(4)计算所得税并结转,年末结转"本年利润"和"利润分配"账户。

(5)核对账目,保证账证相符、账账相符和账实相符。

(6)结计出资产、负债和所有者权益类账户的本期发生额和期末余额,划线结账并将期末余额结转下期。

二、结账的基本方法

结账时,应当结出每个账户的期末余额。需要结出当月(季、年)发生额的账户,如各项收入、费用账户等,应单列一行登记发生额,在摘要栏内注明"本月(季)合计"或"本年累计"等字样。结出余额后,应在余额前的"借或贷"栏内写"借"或"贷"字样,没有余额的账户,应在余额栏前的"借或贷"栏内写"平"字,并在余额栏内用"0"表示。

为了突出本期发生额及期末余额,表示本会计期间的会计记录已经截止或者结束,应将本期与下期的会计记录明显分开,结账一般都划"结账线"。划线时,月结、季结用单线,年结划双线。划线应划红线并应划通栏线,不能只在账页中的金额部分划线。由于各种账户所提供的指标作用不同,结账方法的繁简也不相同,具体应根据不同的账户记录,分别采用不同的结账方法。

1. 总账账户的结账方法

总账账户平时可只结出期末余额,不结计本月发生额。每月结账时,应将月末余额计算出来并写在本月最后一笔经济业务记录的同一行内,并在下面划一条通栏单红线,表示本月记录到此结束。年终结账时,为了反映全年各会计要素增减变动的全貌,便于核对账目,要将所有总账账户结计出全年发生额和年末余额,在摘要栏内注明"本年累计"字样,并在该行下划通栏双红线。

2. 日记账和需按月结计发生额的各种明细账的结账方法

对这类账户,每月结账时,要在每月的最后一项经济业务下面划一条通栏单红线,并在下一行的摘要栏中用红字居中书写"本月合计"字样(或盖"本月合计"章),同时在该行结计出本月发生额合计和月末余额,然后再在该行下面划一条通栏单红线。

3. 不需要按月结计发生额的各项应收、应付款等明细账的结账方法

对这类明细账,每次记账以后,都要在该行余额栏内随时结计出余额,每月最后一笔余额即为月末余额。也就是说,月末余额就是本月最后一笔经济业务记录的同一行内的余额。月末结账时,只需要在最后一笔经济业务记录下面划一条通栏单红线,表示本期记录到此结束,不需要再结计一次余额。

4. 需要结计本年累计发生额的收入、成本等明细账的结账方法

对这类明细账,先按照"需按月结计发生额的明细账"的月结方法进行月结,再在"本月合计"行下结计出自年初起至本月末止的累计发生额,登记在"本月合计"行的下一行,在摘要栏内注明"本年累计"字样,并在下面划一条通栏单红线。12月月末的"本年累计"就是全年累计发生额,全年累计发生额下面通栏划双红线。

年度终了结账时,在各账户的"本年累计"或本年最后一笔记录下面划通栏双红线,表示"年末封账",有余额的账户,要将其余额结转到下一会计年度,并在摘要栏内注明"结转下年"字样;在下一会计年度新建有关会计账户的第一行余额栏内填写上年结转的余额,并在摘要栏内注明"上年结转"字样。

⚠ 注意:将年末有余额账户的期末余额记入新账余额栏内时,不需要编制记账凭证。

一、单项选择题

1. 登记会计账簿的依据是( )。
   A. 原始凭证　　　　　　　　B. 记账凭证
   C. 审核无误的会计凭证　　　D. 经济业务

2. 我国现行采用的现金日记账和银行存款日记账属于( )。
   A. 普通日记账　　　　　　　B. 特种日记账
   C. 分录日记账　　　　　　　D. 转账日记账

3. 原材料等财产物资明细账一般适用( )明细账。
   A. 数量金额式　　B. 多栏式　　C. 三栏式　　D. 任意格式

4. 生产成本明细账一般采用( )明细账。
   A. 三栏式　　　　B. 多栏式　　C. 数量金额式　　D. 任意格式

5. 汇总记账凭证账务处理程序适用于( )的单位。
   A. 规模较小、业务量较少　　　B. 规模较大、业务量较少
   C. 规模较大、业务量较多　　　D. 以上都不适用

6. 各种账务处理程序之间的根本区别在于( )。
   A. 登记日记账的方法或依据不同　　B. 登记明细分类账的方法或依据不同
   C. 登记总分类账的方法或依据不同　D. 编制会计报表的方法或依据不同

7. 某企业材料总分类账户本期借方发生额为16 000元,本期贷方发生额为15 000元,其有关明细分类账户的发生额分别为:甲材料本期借方发生额3 500元,贷方发生额4 500元;乙材料本期借方发生额10 500元,贷方发生额9 000元;则丙材料本期为( )。
   A. 借方发生额13 500元,贷方发生额14 000元
   B. 借方发生额2 000元,贷方发生额1 500元

C. 借方发生额1 000元,贷方发生额2 000元
D. 因不知各账户期初余额,故无法计算

8. 若记账凭证上的会计科目和应借应贷方向未错,但所记金额大于应记金额,并据以登记入账,应采用的更正方法是( )。
A. 划线更正法　　　B. 红字更正法　　　C. 补充登记法　　　D. 编制相反分录冲减

9. 下列说法不正确的是( )。
A. 凡需要结出余额的账户,结出余额后,应当在"借或贷"栏内注明"借"或"贷"字样
B. 没有余额的账户,应当在"借或贷"栏内写"—"
C. 库存现金日记账必须逐日结出余额
D. 银行存款日记账必须逐日结出余额

10. 对账的内容一般不包括( )。
A. 账证核对　　　B. 账账核对　　　C. 账实核对　　　D. 账表核对

11. 科目汇总表账务处理程序的特点是( )。
A. 根据记账凭证登记总账　　　　　B. 根据原始凭证登记总账
C. 根据汇总记账凭证登记总账　　　D. 根据科目汇总表登记总账

12. 在登记账簿时,如果经济业务发生日期为20××年10月15日,编制记账凭证日期为10月20日,登记账簿日期为10月22日,则账簿中的"日期"栏登记的时间为( )。
A. 10月15日　　　　　　　　　B. 10月22日
C. 10月20日　　　　　　　　　D. 10月20日或10月22日均可

13. 下列属于实物资产清查范围的是( )。
A. 现金　　　B. 存货　　　C. 银行存款　　　D. 应收账款

14. 对库存现金的清查常采用的方法是( )。
A. 账面盘点法　　　B. 实地盘点法　　　C. 发函询证法　　　D. 技术推算法

15. 各种账务处理程序的共同特点是( )。
A. 登记总账的依据相同　　　　　B. 编制报表的依据相同
C. 适用的范围相同　　　　　　　D. 记账的步骤相同

16. 记账以后,如果发现记账凭证上应借、应贷的会计科目并无错误,只是金额有错误,且错记的金额小于应记的正确金额,应采用的更正方法是( )。
A. 划线更正法　　　B. 红字更正法　　　C. 补充登记法　　　D. 横线登记法

二、多项选择题

1. 会计账簿的基本内容包括( )。
A. 封面　　　B. 扉页　　　C. 账页　　　D. 账簿名称

2. 会计账簿按其外形特征不同,可以分为( )。
A. 三栏式　　　B. 订本式　　　C. 卡片式　　　D. 活页式

3. 总分类账一般采用( )。
A. 订本式　　　B. 活页式　　　C. 三栏式　　　D. 多栏式

4. 下列可以作为库存现金日记账借方登记的依据的是( )。
A. 现金收款凭证　　　　　　B. 现金付款凭证
C. 银行存款收款凭证　　　　D. 银行存款付款凭证

5. 下列可以作为总分类账登记依据的是（　　）。
   A. 记账凭证　　　B. 科目汇总表　　　C. 汇总记账凭证　　D. 明细账
6. 下列属于账实核对的是（　　）。
   A. 库存现金日记账账面余额与现金实际库存数的核对
   B. 银行存款日记账账面余额与银行对账单的核对
   C. 财产物资明细账账面余额与财产物资实存数额的核对
   D. 应收、应付款明细账账面余额与债务、债权单位核对
7. 平行登记的要点包括（　　）。
   A. 同时登记　　　B. 同方向登记　　　C. 同金额登记　　　D. 同一个人登记
8. 总分类账户与其所属的明细分类账户平行登记的结果，必然是（　　）。
   A. 总分类账期初余额＝所属明细分类账户期初余额之和
   B. 总分类账期末余额＝所属明细分类账户期末余额之和
   C. 总分类账户本期借方发生额＝所属明细分类账户本期借方发生额之和
   D. 总分类账户本期贷方发生额＝所属明细分类账户本期贷方发生额之和
9. 对于划线更正法，下列说法正确的是（　　）。
   A. 对于文字错误，应当全部划红线更正
   B. 对于错误的数字，应当全部划红线更正
   C. 对于文字错误，可只划去错误的部分
   D. 对于错误的数字，可以只更正其中的错误数字
10. 必须逐日结出余额的账簿是（　　）。
    A. 库存现金总账　　　　　　　　　B. 银行存款总账
    C. 库存现金日记账　　　　　　　　D. 银行存款日记账
11. 下列属于企业应该进行全面清查的情况是（　　）。
    A. 年终决算之前　　　　　　　　　B. 企业股份制改制前
    C. 进行全面资产评估时　　　　　　D. 单位主要领导调离时
12. 会计账簿中，下列情况可以用红色墨水笔记账的是（　　）。
    A. 按照红字冲账的记账凭证，冲销错误记录
    B. 在不设借贷等栏的多栏式账页中，登记减少数
    C. 在三栏式账户的余额栏前，印明余额方向的，在余额栏内登记负数余额
    D. 在三栏式账户的余额栏前，未印明余额方向的，在余额栏内登记负数余额

三、判断题
1. 会计账簿是指由一定格式账页组成的，以会计凭证为依据，全面、系统、连续地记录各项经济业务的簿籍。（　　）
2. 在登记账簿时如果发生隔页、跳行，可以在空页、空行处用蓝色墨水笔划对角线注销。（　　）
3. 会计账簿只能根据审核无误的会计凭证登记。（　　）
4. 库存现金日记账和银行存款日记账既可以由会计登记，也可以由出纳登记。（　　）
5. "银行存款余额调节表"编制完成后，可以作为调整企业银行存款余额的原始凭证。（　　）

6．不定期清查可以是全面清查，也可以是局部清查。 （ ）

7．账簿记录发生错误，不得涂改、挖补、刮擦或用药水消除字迹，但经批准可以重新抄写。
 （ ）

8．在不同的账务处理程序中，登记总账的依据不同。 （ ）

9．账簿中书写的文字和数字上面要留有适当空距，一般应占格距的二分之一，以便于发现错误时进行修改。 （ ）

10．明细分类账户和其所属的总分类账户的登记方向必须相同。 （ ）

项目 5 财务会计报告

【知识目标】
(1) 认知财务会计报告的概念和作用。
(2) 区别财务报表的不同分类。
(3) 理解资产负债表和利润表的意义、作用和编制方法。

【技能目标】
(1) 能够准确、完整地编制资产负债表。
(2) 能够准确、完整地编制利润表。

导学案例：

期末某集团公司负责人告知主管会计老李：我们需要了解最近一期企业的财务状况、经营成果，请尽快将相关资料报上来。

问题：
(1) 假如你是主管会计，你会上交那些资料？为什么要上交这些资料？
(2) 准备这些资料，前期需要做好哪些工作？
(3) 如何准备？

引例分析：

案例中某集团公司负责人要了解企业的财务状况和经营成果，会计主管应上交资产负债表和利润表。因为资产负债表反映的是企业财务状况，利润表反映的是企业的经营成果。要编制这两张报表，前期应该登记并结出了各个总分类账户的期末余额、各相关明细账户的期末余额，应该说财务报表的编制是记账流程的最后一个环节，是各会计人员辛苦工作的最后成果。那么，如何编制资产负债表和利润表就是我们本项目需要解决的问题。

模块 1 认知财务会计报告

一、财务会计报告的概念

所谓财务会计报告,又称财务报告,是指企业对外提供反映企业某一特定日期财务状况和某一期间经营成果、现金流量等会计信息的文件。

财务会计报告包括财务报表和其他应在财务会计报告中披露的相关信息和资料。其中,财务报表由报表本身及其附注两部分构成,一套完整的财务报表至少应包括资产负债表、利润表、现金流量表、所有者权益变动表以及报表附注,如图5-1所示。

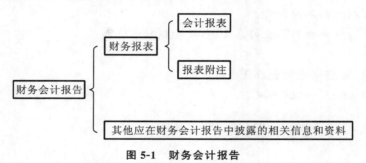

图 5-1 财务会计报告

二、财务会计报告的意义

编制财务会计报告,作为会计核算的一种专门方法,既是会计核算的最后环节,又是会计核算工作的总结。任何一个企业都要在会计期末编制财务会计报告,并按照有关规定报送。

财务会计报告是提供会计信息的重要工具,对于企业内部和外部的利益关系集团都有重要意义。

1. 可以将分散在账簿中的会计记录系统化

在会计核算中,通过填制凭证、登记账簿,已经将企业发生的零星、个别的经济业务按会计科目进行了分类和汇总,会计资料的使用者可以了解某类经济业务的总括或明细情况。但每个会计科目只能登记一类经济业务,不能总括地反映企业的经济业务全貌。必须通过编制财务会计报告,将分散在各个账簿中的会计分录定期进行整理和汇总,全面、系统地反映单位的经济业务全貌。

2. 可以为企业内部的经营管理者提供会计信息

企业的资金运动是一个连续不断的过程,在会计分期假设的基础上,通过定期编制财务会计报告,可以分期提供企业的财务会计状况、经营成果和现金流量资料,使经营管理者及时掌握有用的会计信息,一方面发现问题,改善管理,不断提高经营水平;另一方面可以据此分析自身的资产结构、偿债能力、营运能力和盈利能力,正确地进行预测和决策,防止失误。

3. 可以为企业外部的利益关系集团提供会计信息

企业的外部利益关系集团包括投资人、债权人和有关政府机构。投资人可以通过财务会计报告了解投资风险,判断未来的投资收益,正确进行投资决策;债权人可以通过财务会计报告了解该企业的偿债能力,保护债权;有关政府机构可以通过财务会计报告了解企业资金来源和使用情况、利润形成和分配情况、执行会计法规和有关财经纪律的情况,以便于对其进行有效的管理和监督,保证国民经济的健康发展。

三、财务报表的分类

财务报表按不同标准有多种分类方法。

1. 按照财务报表反映的经济内容划分

财务报表按所反映的经济内容,可分为静态报表和动态报表。静态报表是综合反映企业一定时点资产总额、负债及所有者权益总额的财务报表,如资产负债表。动态报表是反映企业一定时期内资金耗费和资金收回的报表,如利润表、现金流量表、所有者权益变动表等。

2. 按照财务报表的编制期间划分

财务报表按编制期间,可分为中期财务报表和年度财务报表。中期财务报表是以短于一个完整会计年度的报告期间为基础编制的财务报表,包括月报、季报和半年报等报表。中期财务报表一般应包括资产负债表、利润表、现金流量表和附注等,其格式和内容应与年度财务报表一致。与年度财务报表相比,中期财务报表中附注披露可适当简略。

3. 按照财务报表的报送对象划分

财务报表按报送对象,可分为对外财务报表和对内财务报表。对外财务报表是指企业向外部报表使用者报送的财务报表,其格式和内容由财政部统一规定,如资产负债表、利润表、现金流量表、所有者权益变动表等。对内财务报表是企业向内部管理当局和有关职能部门报送的财务报表,一般没有统一规定的格式和指标体系,其内容由单位自行规定,如成本报表等。

4. 按照财务报表的编报主体划分

财务报表按编报主体,可分为个别财务报表和合并财务报表。个别财务报表是企业在自身会计核算基础上对账簿进行记录加工而编制的财务报表,它主要反映企业自身财务状况、经营成果和现金流量等情况。合并财务报表是以母公司和子公司组成的企业集团为会计主体,根据母公司和所属子公司财务报表,由母公司编制的综合反映企业集团财务状况、经营成果及现金流量等情况的财务报表。

四、财务报告编写要求

编制财务会计报告应当真实可靠、相关可比、全面完整、编报及时、便于理解,符合国家统一会计制度和会计准则有关规定。

我国《企业财务会计报告条例》规定,企业对外提供财务会计报告应当依次编定页数,加具封面,装订成册,加盖公章。封面上应当注明:企业名称、企业统一代码、组织形式、地址、报表所属年度或者月份、报出日期,并由企业负责人和主管会计工作负责人、会计机构负责人(会计主管人员)签名并盖章;设置总会计师企业,还应当由总会计师签名并盖章。

注意:此处是签名"并"盖章,而非"或"。

模块 2 资产负债表

一、资产负债表概述

所谓资产负债表，就是反映企业某一特定日期财务状况的会计报表。某一特定日期一般是指月末、季末、年末。资产负债表是静态会计报表。通过资产负债表向报表使用者提供三个方面的会计信息：

（1）反映企业某一特定日期的资产总额及构成，表明企业拥有或控制的资源及其分布情况；

（2）反映企业某一特定日期的负债及其构成，表明企业目前与未来需要支付的债务数额；

（3）反映企业所有者所拥有的权益，据以判断资本保值增值情况及对负债的保障程度。

二、资产负债表的结构与格式

1. 资产负债表的结构

资产负债表在形式上，分为表头、表体两部分。表头包括报表名称、编制单位、编制日期和金额单位等内容；表体包括资产、负债和所有者权益各项目名称和金额等内容。

2. 资产负债表的格式

资产负债表的格式一般包括报告式和账户式两种。报告式资产负债表分为上、下结构，上半部列示资产，下半部列示负债和所有者权益。账户式资产负债表分为左、右两方，左方为资产项目，右方为负债及所有者权益项目。资产按流动性的大小顺序排列，流动性大的资产，如"货币资金""以公允价值计量且其变动计入当期损益的金融资产"等排在前面，流动性小的资产，如"长期股权投资""固定资产"等排在后面。负债按要求清偿时间的先后顺序排列，如"短期借款""应付票据""应付账款"等需要在一年以内或者长于一年一个正常营业周期内偿还的流动负债排在前面，"长期借款"等在一年以上才需偿还的非流动负债排在其后，而在企业清算之前不需要偿还的所有者权益项目排在最后。

我国企业资产负债表采用账户式结构。账户式资产负债表中资产各项目合计等于负债和所有者权益各项目合计，即资产负债表左方和右方平衡。通过账户式资产负债表，可以反映资产、负债、所有者权益之间的内在关系，即"资产＝负债＋所有者权益"。

资产负债表格式如表 5-1 所示。

项目 5　财务会计报告

表 5-1
资产负债表

会企 01 表

编制单位：　　　　　　　　　年　月　日　　　　　　　　　　　　　　　单位：元

资　　产	期末余额	上年年末余额	负债及所有者权益（或股东权益）	期末余额	上年年末余额
流动资产：			流动负债：		
货币资金			短期借款		
交易性金融资产			应付票据		
应收票据			应付账款		
应收账款			预收款项		
预付款项			合同负债		
其他应收款			应付职工薪酬		
存货			应交税费		
合同资产			其他应付款		
一年内到期的非流动资产			一年内到期的非流动负债		
其他流动资产			其他流动负债		
流动资产合计			流动负债合计		
非流动资产：			非流动负债：		
固定资产			长期借款		
在建工程			递延所得税负债		
无形资产			其他非流动负债		
开发支出			非流动负债合计		
长期待摊费用			负债合计		
递延所得税资产					
其他非流动资产					
非流动资产合计					
			所有者权益（或股东权益）：		
			实收资本（或股本）		
			资本公积		
			减：库存股		
			其他综合收益		
			专项储备		
			盈余公积		
			未分配利润		
			所有者权益（或股东权益）合计		
资产总计			负债和所有者权益（或股东权益）总计		

会计负责人（或主管）：　　　　　　复核：　　　　　　制表：

三、资产负债表的编制

（一）资产负债表的编制方法

财务报表编制,基本都是通过对日常会计核算记录数据加以归集、整理来实现的。为了提供比较信息,资产负债表各项目均需填列"年初余额"和"期末余额"两栏数字。其中,"年初余额"栏内各项目数字,可根据上年末资产负债表"期末余额"栏相应项目数字填列。如果本年度资产负债表规定各个项目名称和内容与上年度不相一致,应当对上年年末资产负债表各个项目名称和数字按照本年度规定进行调整。"期末余额"栏各项目填列方法如下。

1. 根据总账账户期末余额直接填列

资产负债表大部分项目填列都是根据有关总账账户期末余额直接填列的,如:"应收票据"项目,根据"应收票据"总账账户期末余额直接填列;"短期借款"项目,根据"短期借款"总账账户期末余额直接填列。"以公允价值计量且其变动计入当期损益的金融资产""以公允价值计量且其变动计入当期损益的金融负债""应付票据""应付职工薪酬""应交税费",等等,都在此项之内(根据总账账户期末余额直接填列)。

2. 根据总账账户期末余额计算填列

如"货币资金"项目,根据"库存现金""银行存款""其他货币资金"总账账户期末余额合计数计算填列。

3. 根据明细账账户期末余额计算填列

如:"应收账款"项目,应根据"应收账款""预收款项"两个账户所属有关明细账户期末借方余额合计减去"坏账准备"账户中有关应收账款计提的坏账准备期末余额后的金额填列;"预收款项"项目,应根据"预收款项"和"应收账款"账户所属明细账户的期末贷方余额合计填列;"预付款项"项目,应根据"预付款项"和"应付账款"账户所属明细账户的期末借方余额合计填列;"应付账款"项目,应根据"应付账款""预付款项"科目所属相关明细科目期末贷方余额合计填列。

4. 根据总账账户和明细账账户期末余额分析计算填列

如"长期借款"项目,根据"长期借款"总账账户期末余额,扣除"长期借款"科目所属明细账账户中反映、将于一年内到期的长期借款部分,分析计算填列。

5. 根据相关总账账户期末余额减去其备抵项目后净额填列

如"存货"项目,根据"存货"各总账账户期末余额,减去"存货跌价准备"备抵账户余额后净额填列;又如,"无形资产"项目,根据"无形资产"总账账户期末余额,减去"无形资产减值准备"与"累计摊销"备抵账户余额后净额填列。

（二）部分资产项目的具体填列说明

（1）"货币资金"项目,应根据"库存现金""银行存款""其他货币资金"总账账户期末余额合计数填列。

（2）"以公允价值计量且其变动计入当期损益的金融资产"项目,应根据"以公允价值计量且其变动计入当期损益的金融资产"总账账户期末余额直接填列。

（3）"应收票据""应收利息""应收股利"等项目,可以根据"应收票据""应收利息""应收股利"等总账账户期末余额直接填列。

(4)"应收账款"项目,应根据"应收账款"和"预收款项"账户所属明细账期末借方余额合计数减去"坏账准备"账户中有关应收账款计提的坏账准备期末余额后的金额填列。

⚠️注意:"应收账款"账户所属明细账期末若有贷方余额,应在资产负债表"预收款项"项目内填列。

(5)"预付款项"项目,可以根据"预付款项"和"应付账款"账户所属明细账期末借方余额合计数填列。

⚠️注意:"预付款项"账户所属明细账期末若有贷方余额,应在资产负债表"应付账款"项目内填列。

(6)"存货"项目,应根据"材料采购""原材料""库存商品""周转材料""委托加工物资""委托代销商品""生产成本"等账户期末余额合计,减去"受托代销商品款""存货跌价准备"账户期末余额后的金额填列。

(7)"长期股权投资"项目,应根据"长期股权投资"账户期末余额,减去"长期股权投资减值准备"账户期末余额后的金额填列。

(8)"固定资产"项目,应根据"固定资产"账户期末余额,减去"累计折旧"和"固定资产减值准备"账户期末余额后的金额填列。

(9)"在建工程"项目,应根据"在建工程"账户期末余额,减去"在建工程减值准备"账户期末余额后的金额填列。

(10)"固定资产清理"项目,应根据"固定资产清理"总账账户期末借方余额填列,若"固定资产清理"账户的期末余额在贷方,则以"一"号填列。

(11)"无形资产"项目,应根据"无形资产"账户期末余额,减去"累计摊销"和"无形资产减值准备"账户期末余额后的金额填列。

(12)"长期待摊费用"项目,应根据"长期待摊费用"总账账户期末余额减去其明细账中将于一年内(含一年)摊销数额后的金额填列。

(三)部分负债项目的具体填列说明

(1)"短期借款""应付票据""应付职工薪酬""应付利息""应付股利""其他应付款""应付债券"等项目,应根据"短期借款""应付票据""应付职工薪酬""应付利息""应付股利""其他应付款""应付债券"等账户期末余额直接填列。

(2)"应付账款"项目,应根据"应付账款"和"预付款项"账户所属明细账期末贷方余额合计数填列。

⚠️注意:"应付账款"账户所属明细账期末若有借方余额,应在资产负债表"预付款项"项目内填列。

(3)"预收款项"项目,应根据"预收款项"和"应收账款"账户所属明细账期末贷方余额合计数填列。

⚠️注意:"预收款项"账户所属明细账期末若有借方余额,应在资产负债表"应收账款"项目内填列。

(4)"应交税费"项目,应根据"应交税费"账户期末贷方余额直接填列;如"应交税费"账户期末为借方余额,应以"—"号填列。

(5)"长期借款"项目,应根据"长期借款"总账账户期末余额减去其明细账中将于一年内(不含一年)到期数额后的金额填列。

(四)部分所有者权益项目的具体填列说明

(1)"实收资本(或股本)""资本公积""盈余公积"项目应根据"实收资本(或股本)""资本公积""盈余公积"账户期末余额直接填列。

(2)"未分配利润"项目,应根据"本年利润"账户和"利润分配"账户余额计算填列。未弥补亏损在本项目内以"—"号填列。

四、资产负债表的编制举例

【例 5-1】 武汉光明有限公司20××年11月30日资产、负债和所有者权益账户期末余额如表5-2所示。

表5-2 武汉光明有限公司20××年11月30日资产、负债和所有者权益账户期末余额

单位:元

资产类账户	明细账户	借或贷	余额	负债和所有者权益类账户	明细账户	借或贷	余额
库存现金		借	4 900	预收账款	丙公司	贷	5 000
银行存款		借	254 150	应交税费		贷	76 930
应收账款	甲公司	借	59 500	实收资本		贷	500 000
	乙公司	贷	1 000	利润分配		贷	95 000
原材料		借	14 800	本年利润		贷	114 400
库存商品		借	187 328				
固定资产		借	325 000				
累计折旧		贷	76 900				
生产成本		借	23 552				
合计			791 330	合计			791 330

根据上述资料,编制该企业20××年11月30日的资产负债表,如表5-3所示。

表5-3 武汉光明有限公司20××年11月30日的资产负债表

资产负债表(简表)

编制单位:武汉光明有限公司 20××年11月30日 单位:元

资产	期末余额	年初余额	负债及所有者权益(或股东权益)	期末余额	年初余额
流动资产:			流动负债:		
货币资金	259 050		短期借款		
交易性金融资产			应付票据		

项目 5 财务会计报告

资　　产	期末余额	年初余额	负债及所有者权益 （或股东权益）	期末余额	年初余额
应收票据			应付账款		
应收账款	59 500		预收款项	6 000	
预付款项			合同负债		
其他应收款			应付职工薪酬		
存货	225 680		应交税费	76 930	
合同资产			其他应付款		
一年内到期的非流动资产			一年内到期的非流动负债		
其他流动资产			其他流动负债		
流动资产合计	544 230		流动负债合计	82 930	
非流动资产：			非流动负债：		
固定资产	248 100		长期借款		
在建工程			递延所得税负债		
无形资产			其他非流动负债		
开发支出			非流动负债合计	0	
长期待摊费用			负债合计	82 930	
递延所得税资产					
其他非流动资产					
非流动资产合计	248 100				
			所有者权益（或股东权益）：		
			实收资本（或股本）	500 000	
			资本公积		
			减：库存股		
			其他综合收益		
			专项储备		
			盈余公积		
			未分配利润	209 000	
			所有者权益（或股东权益） 合计	709 400	
资产总计	792 330		负债和所有者权益（或股东权益）总计	792 330	

会计负责人（或主管）：　　　　　复核：　　　　　制表：

模块 3 利润表

一、利润表概述

利润表是反映企业在一定会计期间经营成果的报表。例如,反映 1 月 1 日至 12 月 31 日经营成果的利润表。利润表反映的是某一期间的情况,所以又称为动态报表。有时,利润表也称为损益表、收益表。

利润表的作用包括:

(1) 反映企业一定会计期间的收入情况;

(2) 反映企业一定会计期间的费用耗费情况;

(3) 反映企业生产经营活动的成果,即营业利润、利润总额和净利润实现情况。

另外,将利润表信息与资产负债表信息相结合,可以进行财务分析,反映企业资金周转能力、企业盈利能力等情况,有助于报表使用者判断企业未来发展趋势,做出经济决策。

二、利润表的结构与格式

1. 利润表的结构

利润表在形式上,也分为表头、表体两部分。表头包括报表名称、编制单位、编制期间和金额单位等内容;表体包括营业收入、营业利润、利润总额、净利润和每股收益等五个项目及其本期金额和上期金额。

2. 利润表的格式

常见的利润表格式主要有单步式和多步式两种。单步式利润表是将当期所有收入列在一起,然后将所有费用列在一起,两者相减得出当期净损益。多步式利润表是通过对当期收入、费用、支出项目按性质加以分类,分别计算出当期损益。

我国《企业会计准则》规定,企业应当采用多步式利润表。

利润表格式如表 5-4 所示。

表 5-4
利 润 表

会企02表

编制单位:　　　　　　　　　　　年　月　　　　　　　　　　　单位:元

项　　目	本期金额	上期金额
一、营业收入		
减:营业成本		
税金及附加		
销售费用		
管理费用		

项　　目	本期金额	上期金额
研发费用		
财务费用		
其中:利息费用		
利息收入		
加:其他收益		
投资收益(损失以"—"号填列)		
净敞口套期收益(损失以"—"号填列)		
公允价值变动收益(损失以"—"号填列)		
信用减值损失(损失以"—"号填列)		
资产减值损失(损失以"—"号填列)		
资产处置收益(损失以"—"号填列)		
二、营业利润(亏损以"—"填列)		
加:营业外收入		
减:营业外支出		
其中:非流动资产处置损失		
三、利润总额(亏损总额以"—"填列)		
减:所得税费用		
四、净利润(净亏损以"—"填列)		
五、其他综合收益的税后净额		
六、综合收益总额		
七、每股收益		
(一)基本每股收益		
(二)稀释每股收益		

会计负责人(或主管):　　　　复核:　　　　制表:

三、利润表的编制

(一) 利润表的编制方法

1. 计算营业利润

营业利润＝营业收入－营业成本－税金及附加－销售费用－管理费用
　　　　－财务费用－资产减值损失＋公允价值变动损益＋投资收益

2. 计算利润总额

利润总额＝营业利润＋营业外收入－营业外支出

3. 计算净利润

净利润＝利润总额－所得税费用

(二) 利润表中部分项目的具体填列说明

(1)"营业收入"项目,应根据"主营业务收入"和"其他业务收入"账户的发生额计算填列。

(2)"营业成本"项目,应根据"主营业务成本"和"其他业务成本"账户的发生额计算填列。

(3)"公允价值变动损益"项目,应根据"公允价值变动损益"账户的发生额分析填列;若为变动损失,以"一"号填列。

(4)"投资收益"项目,应根据"投资收益"账户的发生额分析填列;若为投资损失,以"一"号填列。

注意:

(1)利润表中"上期金额"可以根据上月"本期金额"填列,可以根据上年同期"本期金额"填列,还可以反映截至本月的全年累计发生额。

(2)月度利润表中"本期金额"反映的是本月的实际发生额,年度利润表中"本期金额"反映的是该年度的累计发生额。

四、利润表的编制举例

【例 5-2】 武汉光明有限公司 20××年 9 月 30 日各损益类账户的发生额如表 5-5 所示。

表 5-5　武汉光明有限公司 20××年 9 月 30 日各损益类账户的发生额　　　　　单位:元

账户名称	9 月发生额		1—9 月累计发生额	
	借方	贷方	借方	贷方
主营业务收入		300 000		2 680 000
其他业务收入		15 000		84 000
主营业务成本	198 000		1 750 000	
其他业务成本	12 000		62 000	
税金及附加	1 000		8 100	
管理费用	11 100		86 400	
销售费用	4 400		35 060	
财务费用			3 500	
投资收益				5 000
营业外收入				1 000
营业外支出			685 480	
所得税费用	22 125		25 060	

根据上述资料,编制该企业 20××年 9 月的利润表,如表 5-6 所示。

表 5-6　武汉光明有限公司 20××年 9 月的利润表

利　润　表

会企 02 表

编制单位:武汉光明有限公司　　　　20××年 9 月　　　　　　　　　　单位:元

项　目	本期金额	上期金额
一、营业收入	315 000	2 764 000
减:营业成本	210 000	1 812 000
税金及附加	1 000	8 100

续表

项 目	本期金额	上期金额
销售费用	4 400	35 060
管理费用	11 100	86 400
财务费用		3 500
资产减值损失		
加:公允价值变动收益(损失以"－"号填列)		
投资收益(损失以"－"号填列)		5 000
资产处置收益(损失以"－"号填列)		
其他收益		
二、营业利润(亏损以"－"号填列)	88 500	823 940
加:营业外收入		1 000
减:营业外支出		685 480
其中:非流动资产处置损失		
三、利润总额(亏损总额以"－"号填列)	88 500	139 460
减:所得税费用	22 125	25 060
四、净利润(净亏损以"－"号填列)	66 375	114 400
(一)持续经营净利润(净亏损以"－"号填列)		
(二)终止经营净利润(净亏损以"－"号填列)		
五、其他综合收益的税后净额		
六、综合收益总额		
七、每股收益:		
(一)基本每股收益		
(二)稀释每股收益		

会计负责人(或主管)：　　　　　复核：　　　　　制表：

一、单项选择题

1. 反映企业在某一特定日期资产、负债和所有者权益状况的报表是(　　)。
   A. 资产负债表　　　　　　　　B. 利润表
   C. 所有者权益变动表　　　　　D. 现金流量表
2. 反映企业在一定时期经营成果的会计报表是(　　)。
   A. 资产负债表　　B. 利润表　　C. 利润分配表　　D. 现金流量表
3. 下列属于静态报表的是(　　)。

A. 资产负债表 B. 利润表
C. 所有者权益变动表 D. 现金流量表
4. 企业会计核算的最终成果是（　　）。
A. 会计凭证　　B. 会计账簿　　C. 会计报表　　D. 会计分析报告
5. 资产负债表的"应收账款"项目根据（　　）计算填列。
A. 账面价值　　B. 贷方余额　　C. 借方余额　　D. 总额
6. 下列不属于外部会计报表的是（　　）。
A. 利润表 B. 所有者权益变动表
C. 现金流量表 D. 产品成本明细表
7. 会计报表编制的基础是（　　）。
A. 会计凭证　　B. 会计账簿　　C. 日记账　　D. 科目汇总表
8. 利润表是根据损益类账户的（　　）填列的。
A. 期初余额　　B. 期末余额　　C. 累计发生额　　D. 净额
9. 资产负债表"年初余额"栏数字是根据（　　）填写的。
A. 总账余额 B. 明细账余额
C. 上期期末余额 D. 上年末的"期末余额"

二、多项选择题

1. 会计报表的使用者有（　　）。
A. 投资者 B. 债权人
C. 国家经济管理机关 D. 各级主管机关
E. 企业内部管理人员
2. 会计报表的编制必须做到（　　）。
A. 数字真实　　B. 计算准确　　C. 内容完整　　D. 编报及时
3. 属于流动资产的是（　　）。
A. 应收账款及预付款项 B. 一年内到期的非流动资产
C. 存货 D. 累计折旧
4. 在编制资产负债表时需要根据若干明细账户的期末余额计算填列的有（　　）。
A. 存货　　B. 应收账款　　C. 预付款项　　D. 应付账款
5. 中期会计报表按编制时间分类，可分为（　　）。
A. 日报　　B. 月报　　C. 季报　　D. 半年报
E. 年报
6. 资产负债表中"存货"项目应根据（　　）等账户的期末余额汇总填制。
A. 库存商品　　B. 原材料　　C. 生产成本　　D. 包装物
7. 资产负债表中"货币资金"项目应根据（　　）账户的期末余额汇总填制。
A. 应收票据　　B. 库存现金　　C. 银行存款　　D. 其他货币资金

三、判断题

1. 企业编制对外会计报表可根据企业自身情况确定报表的格式。（　　）
2. 资产负债表和利润表都属静态会计报表。（　　）
3. 资产负债表和利润表编制的理论基础是会计等式。（　　）

4. 供企业内部使用的会计报表应有统一的格式。（　　）
5. 生产成本是利润表的组成项目之一。（　　）
6. 财务报告不等同于会计报表。（　　）
7. 资产负债表、现金流量表可为报表使用者提供经营决策、投资决策和贷款决策的依据。（　　）
8. 资产负债表中,某些项目的含义和口径与有关总分类账户是完全一致的,这可直接根据这类总分类账户的期末余额填列资产负债表的"期末余额"。（　　）

四、技能测试

1. 资产负债表的编制。

广州光华公司20××年6月30日各账户期末余额如表5-7所示。

表5-7　广州光华公司20××年6月30日各账户期末余额　　　　　单位:元

资产类账户	明细账户	借或贷	余额	负债和所有者权益账户	明细账户	借或贷	余额
库存现金		借	350	短期借款		贷	61 000
银行存款		借	76 700	应付账款	M公司	贷	4 050
应收账款	甲公司	借	7 000	其他应付款		贷	12 800
其他应收款		借	750	应付职工薪酬		贷	7 000
原材料		借	349 800	应交税费		贷	20 650
库存商品		借	57 900	实收资本		贷	721 000
固定资产		借	628 500	盈余公积		贷	38 000
累计折旧		贷	230 500	本年利润		贷	157 785
生产成本		借	36 000	利润分配		借	95 785
合计		借	926 500	合计		贷	926 500

要求:根据以上资料编制该企业20××年6月30日的资产负债表(见表5-8)。

表5-8　广州光华公司20××年6月30日的资产负债表

资产负债表(简表)

编制单位:　　　　　　　　　　年　　月　　日　　　　　　　　　　单位:元

资产	期末余额	上年年末余额	负债和所有者权益（或股东权益）	期末余额	上年年末余额
流动资产:			流动负债:		
货币资金			短期借款		
交易性金融资产			应付票据		
应收票据			应付账款		
应收账款			预收款项		
预付款项			合同负债		
其他应收款			应付职工薪酬		

续表

资　　产	期末余额	上年年末余额	负债和所有者权益（或股东权益）	期末余额	上年年末余额
存货			应交税费		
合同资产			其他应付款		
一年内到期的非流动资产			一年内到期的非流动负债		
其他流动资产			其他流动负债		
流动资产合计			流动负债合计		
非流动资产：			非流动负债：		
固定资产			长期借款		
在建工程			递延所得税负债		
无形资产			其他非流动负债		
开发支出			非流动负债合计		
长期待摊费用			负债合计		
递延所得税资产					
其他非流动资产					
非流动资产合计					
			所有者权益（或股东权益）：		
			实收资本（或股本）		
			资本公积		
			减：库存股		
			其他综合收益		
			专项储备		
			盈余公积		
			未分配利润		
			所有者权益（或股东权益）合计		
资产总计			负债和所有者权益（或股东权益）总计		

会计负责人（或主管）：　　　　　　复核：　　　　　　制表：

2. 利润表的编制。

广州光华公司20××年6月30日各损益类账户累计发生额如表5-9所示。

表5-9 广州光华公司20××年6月30日各损益类账户累计发生额　　　　　　单位:元

账户名称	本期发生额
主营业务收入	1 286 400
其他业务收入	35 000
主营业务成本	944 280
其他业务成本	31 500
销售费用	12 600
管理费用	15 800
财务费用	6 200
营业外收入	800
营业外支出	76 320
所得税费用	58 875

要求:根据以上资料编制该企业20××年6月利润表(见表5-10)。

表5-10 广州光华公司20××年6月利润表

利 润 表

会企02表

编制单位:　　　　　　　　　年　月　　　　　　　　　　　　单位:元

项　　目	本期金额	上期金额
一、营业收入		
减:营业成本		
税金及附加		
销售费用		
管理费用		
研发费用		
财务费用		
其中:利息费用		
利息收入		
加:其他收益		
投资收益(损失以"-"号填列)		
净敞口套期收益(损失以"-"号填列)		
公允价值变动收益(损失以"-"号填列)		
信用减值损失(损失以"-"号填列)		
资产减值损失(损失以"-"号填列)		
资产处置收益(损失以"-"号填列)		
二、营业利润(亏损以"-"填列)		

续表

项　　目	本期金额	上期金额
加:营业外收入		
减:营业外支出		
其中:非流动资产处置损失		
三、利润总额(亏损总额以"－"填列)		
减:所得税费用		
四、净利润(净亏损以"－"填列)		
五、其他综合收益的税后净额		
六、综合收益总额		
七、每股收益		
(一)基本每股收益		
(二)稀释每股收益		

会计负责人(或主管):　　　　　　复核:　　　　　　制表:

项目 6
会计档案的归档与保管

【知识目标】
(1) 了解会计档案的概念和内容。
(2) 熟悉会计档案的整理归档的要求。
(3) 熟悉企业会计档案的保管期限。

【技能目标】
(1) 掌握会计档案的归档程序。
(2) 掌握会计档案的查阅与复制的要求。
(3) 掌握会计档案的销毁程序。

导学案例：

20××年12月，某市财政局派出检查组对该市某国有企业的会计工作进行检查。检查中发现以下情况：

同年6月15日，经该企业总经理张某批准，业务往来单位M企业因需要查阅了该企业同年1月份的有关凭证、银行存款日记账、总账账簿以及1月份的会计报表等会计档案，对有关原始凭证进行了复制，并办理了登记手续。

问题：

(1) 根据上述资料，结合我国会计法律制度的规定，该国有企业将有关原始凭证复制给M企业的做法是否符合规定？

(2) 会计档案包括的范围有哪些？会计档案的保管期限是从什么时间算起的？

(3) 定期保管的会计档案，其保管期限最长的是多少年？总账账簿的保管期限是多少年？1月份会计报表的保管期限是多少年？

引例分析：

上述案例涉及会计档案的概念和会计档案管理的内容。各单位对会计凭证、会计账簿、财务会计报告和其他会计资料应当建立会计档案并妥善保管。同时分清会计档案的种类，以便在实际工作中按会计档案保管年限加以保管。企业对未结清的会计事项所涉及的原始凭证，应当按照专门要求进行保存，并按照规定办理交接手续。

模块 1　整理和归档会计档案

一、会计档案概述

　　会计档案是指单位在进行会计核算等过程中接收或形成的,记录和反映单位经济业务事项的,具有保存价值的文字、图表等各种形式的会计资料,包括通过计算机等电子设备形成、传输和存储的电子会计档案。各单位的预算、计划、制度等文件材料属于文书档案,不属于会计档案。《中华人民共和国会计法》规定各单位对会计凭证、会计账簿、财务会计报告和其他会计资料应当建立档案,妥善保管。会计档案的保管期限和销毁办法,由国务院财政部门会同有关部门制定。

　　会计档案是由各单位在办理会计事务中形成的记录企业经济业务的会计资料,是会计活动的客观产物,会计档案是检查各单位遵循情况的客观依据,是各单位总结经营管理的重要参考资料。可见,会计档案有重要的反映作用、史料作用、查证作用和监督作用。

二、会计档案的种类

　　会计档案是在会计活动中形成的客观记录,是一种专业性较强的档案,可以按照不同的标准进行分类。

　　(1) 按照会计工作性质的不同,会计档案划分为公司、企业会计档案,预算会计档案,银行会计档案,等等。

　　(2) 按照管理期限的不同,会计档案划分为永久会计档案和定期会计档案。

三、会计档案的内容

　　会计档案的基本内容包括以下四大类。

　　(1) 会计凭证类:原始凭证、记账凭证、汇总凭证及其他会计凭证。

　　(2) 会计账簿类:总账、明细账、日记账、固定资产卡片、辅助账簿及其他会计账簿。

　　(3) 财务会计报告类:月度、季度、年度财务报告,包括会计报表、附表、附注及文字说明及其他财务报告。

　　(4) 其他会计资料类:包括银行存款余额调节表、银行对账单、纳税申报表、会计档案移交清册、会计档案保管清册、会计档案销毁清册、会计档案鉴定意见书及其他具有保存价值的会计资料。

　　⚠️提示:同时满足下列条件的,单位内部形成的属于归档范围的电子会计资料可仅以电子形式保存,形成电子会计档案:

　　(1) 形成的电子会计资料来源真实有效,由计算机等电子设备形成和传输。

　　(2) 使用的会计核算系统能够准确、完整、有效地接收和读取电子会计资料,能够输出符合国家标准归档格式的会计凭证、会计账簿、财务会计报表等会计资料,设定了经办、审核、审批等必要的审签程序。

(3) 使用的电子档案管理系统能够有效地接收、管理、利用电子会计档案,符合电子档案的长期保管要求,并建立了电子会计档案与相关联的其他纸质会计档案的检索关系。

(4) 采取有效措施,防止电子会计档案被篡改。

(5) 建立电子会计档案备份制度,能够有效防范自然灾害、意外事故和人为破坏的影响。

(6) 形成的电子会计资料不属于具有永久保存价值或者其他重要保存价值的会计档案。

四、会计档案的归档要求

根据财政部、国家档案局联合发布的《中华人民共和国会计档案管理办法》(以下简称《会计档案管理方法》),各单位对会计档案的归档和保管应做到以下几个方面。

(1) 各单位每年形成的会计档案,都应由会计机构按照归档的要求,负责整理立卷、装订成册,编制会计档案保管清册。

(2) 当年形成的会计档案,在会计年度终了后,可由单位会计管理机构临时保管一年,再移交单位档案管理机构保管。因工作需要确需推迟移交的,应当经单位档案管理机构同意。单位会计管理机构临时保管会计档案最长不超过三年。临时保管期间,会计档案的保管应当符合国家档案管理的有关规定,且出纳人员不得兼管会计档案。

(3) 移交单位档案机构保管的会计档案,纸质会计档案移交时应当保持原卷的封装,不得随意拆封。个别需要拆封重新整理的,档案机构应当会同会计机构和经办人员共同拆封,以分清责任。电子会计档案移交时应当将电子会计档案及其元数据一并移交,且文件格式应当符合国家档案管理的有关规定。特殊格式的电子会计档案应当与其读取平台一并移交。单位档案管理机构接收电子会计档案时,应当对电子会计档案的准确性、完整性、可用性、安全性进行检测,符合要求的才能接收。

(4) 交接会计档案时交接双方应办理交接手续。

① 移交会计档案的单位,应当编制会计档案移交清册,其格式如表 6-1 所示。

表 6-1 20××年会计档案移交清册

编号	卷号	会计档案名称	册数	起止年度	应保管期限	已保管期限	保管地点及其他

移交单位: 　　移交人: 　　监交人: 　　接受单位: 　　接受人: 　　监交人:

② 交接会计档案时,交接双方应按照会计档案移交清册所列内容逐项交接,并由交接双方的单位负责人监交。

(5) 交接完毕后,交接双方经办人员和监交人员应在会计档案移交清册上签名或盖章。对会计档案应当做到科学管理、妥善保管、存放有序、查找方便,同时,严格执行安全保密制度,不得随意堆放,严防毁损、散失和泄密。

五、会计档案的归档程序

（1）对会计档案进行整理立卷。各单位每年形成的会计资料，年度终了应由会计人员按不同要求将其整理并装订成册。

（2）给会计档案编制卷号。会计档案整理立卷后，会计机构首先要按不同要求对各类会计档案编制卷号。

（3）编制保管清册。对会计档案编制卷号后，会计机构要编制会计档案保管清册，将会计档案的名称、种类、卷号、数量、起止时间、应保管期限等一一登记入册，并一式两份。

模块 2　会计档案的保管

一、会计档案的保管

会计档案是重要的经济档案，必须妥善保管，既要保证其安全、完整，又要在需要时能够迅速及时地查阅到。由于不同的会计档案发挥作用的时期不同，各种会计档案的保管期限也不相同。为此，应该采用科学的保管方法，并按照规定的年限进行保管。

会计档案的保管期限由国家统一规定，分为定期保管和永久保管两种。需要永久保管的，如年度财务会计报告（决算）、会计档案保管清册、会计档案销毁清册等。定期保管期限一般分为 10 年和 30 年。

会计档案的保管期限是从会计年度终了后的第一天算起。

各类会计档案的最低保管期限按照《会计档案管理办法》中的相关规定执行，各单位不得擅自更改。具体保管期限如表 6-2 所示。

表 6-2　企业和其他组织会计档案保管年限表

序号	档案名称	保管期限	备注
一	会计凭证		
1	原始凭证	30 年	
2	记账凭证	30 年	
二	会计账簿		
3	总账	30 年	
4	明细账	30 年	
5	日记账	30 年	
6	固定资产卡片		固定资产报废清理后保管 5 年
7	其他辅助性账簿	30 年	
三	财务会计报告		

续表

序 号	档 案 名 称	保管期限	备 注
8	月度、季度、半年度财务会计报告	10年	
9	年度财务会计报告	永久	
四	其他会计资料		
10	银行存款余额调节表	10年	
11	银行对账单	10年	
12	纳税申报表	10年	
13	会计档案移交清册	30年	
14	会计档案保管清册	永久	
15	会计档案销毁清册	永久	
16	会计档案鉴定意见书	永久	

会计档案保管期限,原则上按表6-2中规定的期限执行,但涉及外事的会计凭证、会计账簿,需要永久保管的部分,可由有关主管部门另行制定保管年限。

二、会计档案的查阅、复制

各单位应建立健全会计档案的查阅、复制登记制度,具体包括以下几个方面。

(1)各单位保存的会计档案为本单位提供查阅使用,一般不得对外借出。如有特殊需要,经本单位负责人批准,可以提供查阅或复制,并办理登记手续。

(2)外部人员查阅本单位会计档案时,需持有其单位正式介绍信,并经本单位负责人批准后,方可办理查阅手续;本单位内部人员查阅会计档案时,需经会计主管人员或单位负责人批准后,办理查阅手续。

(3)办理查阅手续时,查阅人应认真填写档案查阅登记簿,将查阅人姓名、单位、日期、内容、数量等情况登记清楚。

(4)查阅或复制会计档案的人员,严禁在会计档案上涂画、标记,拆散原卷册,也不得抽换。

三、会计档案的销毁

会计档案的销毁是会计档案管理的重要内容,必须严格执行,有序进行。

1. 保管期满的会计档案的销毁程序

(1)由本单位档案管理机构提出销毁意见,编制会计档案销毁清册,其格式如表6-3所示。

表6-3 会计档案销毁清册

单位名称:

档案名称	卷号	册数	起止年度	应保管年限	已保管年限

续表

档案名称	卷号	册数	起止年度	应保管年限	已保管年限
主管部门审批：			本单位领导意见：		
会计机构意见：			档案部门意见：		
监销人员签名或盖章：			销毁人员签名：		

（2）将已经编制好的会计档案销毁清册及销毁意见报送给本单位负责人，单位负责人审核后，应在会计档案销毁清册上签署意见。

（3）会计档案销毁前，监销人员应按照清册所列内容对要销毁的会计档案进行清点校对，检查会计档案是否已经保管期满、内容和卷号是否相符、编号是否连续等。

（4）会计档案销毁时，应按照规定指派专人负责监销。会计档案销毁后，监销人员应在会计档案销毁清册上签名盖章，并及时将监销情况报告本单位负责人。

注意：一般企、事业单位销毁会计档案时，应由本单位档案管理机构和会计机构共同派员监销。国家机关销毁会计档案时，应由同级财政、审计部门派员参加监销。各级财政部门销毁会计档案时，应由同级审计部门派员监销。

2. 会计档案销毁时应注意的其他事项

（1）对于保管期满但未结清的债权债务原始凭证和涉及其他未了事项的原始凭证，不得销毁，而应当单独抽出立卷，保管到该未了事项完结时为止。单独抽出立卷的会计档案，应当在会计档案销毁清册和会计档案保管清册中列明。

（2）正在项目建设期间内的会计档案，无论其是否保管期满，都不得销毁，等到项目竣工决算，办理交接手续后，移交给项目的接受单位进行妥善保管。

（3）会计档案销毁清册应由单位档案管理部门永久保管。

【例6-1】 根据我国关于会计档案管理的相关要求，对导学案例中所提问题回答如下。

（1）该做法符合规定。根据我国《会计档案管理办法》的规定，各单位保存的会计档案不得外借，因特殊情况需要，经本单位负责人批准，可以提供查阅或复制，并办理登记手续。

（2）我国的会计档案包括各种会计凭证、各种会计账簿、各种财务会计报表和其他会计资料等。根据规定，会计档案的保管期限是从会计年度终了后的第一天算起。

（3）定期保管的会计档案，其保管期限最长的是30年，最短的是10年。总账账簿的保管期限是30年；1月份会计报表的保管期限是10年。

一、单项选择题

1. 原始凭证和记账凭证的保管期限为（   ）。
A．5年　　　　　　B．10年　　　　　　C．15年　　　　　　D．30年

2. 年度财务会计报告(决算)的保管期限为(　　)。
   A. 5年　　　　　B. 10年　　　　　C. 30年　　　　　D. 永久
3. 各种会计档案的保管期限,根据其期限分为永久和定期两类。定期保管期限分为(　　)。
   A. 3年　5年　　B. 5年　10年　　C. 10年　20年　　D. 10年　30年
4. 当年形成的会计档案在会计年度终了后,可暂时由本单位会计机构保管(　　)后移交档案管理机构。
   A. 3个月　　　　B. 半年　　　　C. 1年　　　　D. 2年
5. 其他单位如因特殊原因需使用本单位原始凭证时,经本单位负责人批准(　　)。
   A. 可以借阅　　　　　　　　　B. 只可以借阅不能复制
   C. 不可借阅或复制　　　　　　D. 可以查阅或复制
6. 会计档案保管期限是从(　　)算起。
   A. 会计年度终了后的第一天　　B. 审计报告之日
   C. 移交档案管理机构之日　　　D. 会计资料的整理装订日
7. 企业的现金日记账和银行存款日记账的保管期限为(　　)。
   A. 15年　　　　B. 10年　　　　C. 30年　　　　D. 永久
8. 企业月度、季度财务报告需要保管的期限为(　　)。
   A. 10年　　　　B. 15年　　　　C. 30年　　　　D. 永久
9. 会计档案保管清册的保管期限为(　　)。
   A. 15年　　　　B. 3年　　　　C. 25年　　　　D. 永久

二、多项选择题

1. 会计档案包括(　　)。
   A. 会计凭证　　　　　　　　　B. 会计账簿
   C. 财务会计报告　　　　　　　D. 其他会计资料
2. 下列会计档案中需要永久保管的有(　　)。
   A. 会计档案移交清册　　　　　B. 会计档案保管清册
   C. 年度决算财务报告　　　　　D. 会计档案销毁清册
3. 下列属于企业会计档案的有(　　)。
   A. 会计档案移交清册　　　　　B. 固定资产卡片
   C. 银行对账单　　　　　　　　D. 月度、季度财务报告
4. 会计档案的作用有(　　)。
   A. 反映　　　　B. 监督　　　　C. 史料　　　　D. 查证
5. 下列关于会计档案描述正确的是(　　)。
   A. 出纳人员不得兼任会计档案保管人员
   B. 会计档案保管期限从会计档案形成后的第一天算起
   C. 单位负责人应在会计档案销毁清册上签署意见
   D. 采用电子计算机进行会计核算的单位,应保存打印出的纸质会计档案
6. 会计档案的保管期限可以分为(　　)。
   A. 永久　　　　B. 定期　　　　C. 不定期　　　　D. 临时

7. 下列各项中需要保管30年的会计档案有(　　)。
A. 企业明细账　　　　　　　　B. 企业现金日记账
C. 企业辅助账簿　　　　　　　D. 企业汇总凭证
8. 按照《会计档案管理办法》的规定,下列说法正确的有(　　)。
A. 会计档案保管期限分为10年和30年2类
B. 单位合并后原各单位仍存续的,其会计档案仍由原各单位保管
C. 企业银行存款余额调节表、银行对账单和固定资产卡片保管期限为5年
D. 境内所有单位的会计档案不得携带出境

三、判断题

1. 销毁会计档案时,应由单位档案机构和会计机构共同派出人员监销。　　(　　)
2. 保管期满但尚未结清的债权债务原始凭证,不得销毁,应单独抽出立卷。(　　)
3. 各种会计档案保管期限是从会计年度开始后的第一天算起。　　　　　　(　　)
4. 库存现金和银行存款日记账的保管期限为15年。　　　　　　　　　　　(　　)
5. 会计档案是指会计凭证、会计账簿、财务会计报告等会计核算专业资料。(　　)
6. 企业会计账簿中总账应当保管15年。　　　　　　　　　　　　　　　　(　　)
7. 当年形成的会计档案,在会计年度终了后,可暂由本单位会计机构保管1年。(　　)
8. 各单位保存的会计档案如有特殊需要,经本单位负责人批准,可以提供查阅与复制,并办理登记手续。　　　　　　　　　　　　　　　　　　　　　　　　(　　)

附　录

《中华人民共和国会计档案管理办法》

第一条　为了加强会计档案管理，有效保护和利用会计档案，根据《中华人民共和国会计法》《中华人民共和国档案法》等有关法律和行政法规，制定本办法。

第二条　国家机关、社会团体、企业、事业单位和其他组织（以下统称单位）管理会计档案适用本办法。

第三条　本办法所称会计档案是指单位在进行会计核算等过程中接收或形成的，记录和反映单位经济业务事项的，具有保存价值的文字、图表等各种形式的会计资料，包括通过计算机等电子设备形成、传输和存储的电子会计档案。

第四条　财政部和国家档案局主管全国会计档案工作，共同制定全国统一的会计档案工作制度，对全国会计档案工作实行监督和指导。

县级以上地方人民政府财政部门和档案行政管理部门管理本行政区域内的会计档案工作，并对本行政区域内会计档案工作实行监督和指导。

第五条　单位应当加强会计档案管理工作，建立和完善会计档案的收集、整理、保管、利用和鉴定销毁等管理制度，采取可靠的安全防护技术和措施，保证会计档案的真实、完整、可用、安全。

单位的档案机构或者档案工作人员所属机构（以下统称单位档案管理机构）负责管理本单位的会计档案。单位也可以委托具备档案管理条件的机构代为管理会计档案。

第六条　下列会计资料应当进行归档：

（一）会计凭证，包括原始凭证、记账凭证；

（二）会计账簿，包括总账、明细账、日记账、固定资产卡片及其他辅助性账簿；

（三）财务会计报告，包括月度、季度、半年度、年度财务会计报告；

（四）其他会计资料，包括银行存款余额调节表、银行对账单、纳税申报表、会计档案移交清册、会计档案保管清册、会计档案销毁清册、会计档案鉴定意见书及其他具有保存价值的会计资料。

第七条　单位可以利用计算机、网络通信等信息技术手段管理会计档案。

第八条　同时满足下列条件的，单位内部形成的属于归档范围的电子会计资料可仅以电子形式保存，形成电子会计档案：

（一）形成的电子会计资料来源真实有效，由计算机等电子设备形成和传输；

（二）使用的会计核算系统能够准确、完整、有效接收和读取电子会计资料，能够输出符合国家标准归档格式的会计凭证、会计账簿、财务会计报表等会计资料，设定了经办、审核、审批等必

要的审签程序;

(三)使用的电子档案管理系统能够有效接收、管理、利用电子会计档案,符合电子档案的长期保管要求,并建立了电子会计档案与相关联的其他纸质会计档案的检索关系;

(四)采取有效措施,防止电子会计档案被篡改;

(五)建立电子会计档案备份制度,能够有效防范自然灾害、意外事故和人为破坏的影响;

(六)形成的电子会计资料不属于具有永久保存价值或者其他重要保存价值的会计档案。

第九条　满足本办法第八条规定条件,单位从外部接收的电子会计资料附有符合《中华人民共和国电子签名法》规定的电子签名的,可仅以电子形式归档保存,形成电子会计档案。

第十条　单位的会计机构或会计人员所属机构(以下统称单位会计管理机构)按照归档范围和归档要求,负责定期将应当归档的会计资料整理立卷,编制会计档案保管清册。

第十一条　当年形成的会计档案,在会计年度终了后,可由单位会计管理机构临时保管一年,再移交单位档案管理机构保管。因工作需要确需推迟移交的,应当经单位档案管理机构同意。

单位会计管理机构临时保管会计档案最长不超过三年。临时保管期间,会计档案的保管应当符合国家档案管理的有关规定,且出纳人员不得兼管会计档案。

第十二条　单位会计管理机构在办理会计档案移交时,应当编制会计档案移交清册,并按照国家档案管理的有关规定办理移交手续。

纸质会计档案移交时应当保持原卷的封装。电子会计档案移交时应当将电子会计档案及其元数据一并移交,且文件格式应当符合国家档案管理的有关规定。特殊格式的电子会计档案应当与其读取平台一并移交。

单位档案管理机构接收电子会计档案时,应当对电子会计档案的准确性、完整性、可用性、安全性进行检测,符合要求的才能接收。

第十三条　单位应当严格按照相关制度利用会计档案,在进行会计档案查阅、复制、借出时履行登记手续,严禁篡改和损坏。

单位保存的会计档案一般不得对外借出。确因工作需要且根据国家有关规定必须借出的,应当严格按照规定办理相关手续。

会计档案借用单位应当妥善保管和利用借入的会计档案,确保借入会计档案的安全完整,并在规定时间内归还。

第十四条　会计档案的保管期限分为永久、定期两类。定期保管期限一般分为10年和30年。

会计档案的保管期限,从会计年度终了后的第一天算起。

第十五条　各类会计档案的保管期限原则上应当按照本办法附表执行,本办法规定的会计档案保管期限为最低保管期限。

单位会计档案的具体名称如有同本办法附表所列档案名称不相符的,应当比照类似档案的保管期限办理。

第十六条　单位应当定期对已到保管期限的会计档案进行鉴定,并形成会计档案鉴定意见书。经鉴定,仍需继续保存的会计档案,应当重新划定保管期限;对保管期满,确无保存价值的会计档案,可以销毁。

第十七条　会计档案鉴定工作应当由单位档案管理机构牵头,组织单位会计、审计、纪检监察等机构或人员共同进行。

第十八条　经鉴定可以销毁的会计档案,应当按照以下程序销毁:

(一)单位档案管理机构编制会计档案销毁清册,列明拟销毁会计档案的名称、卷号、册数、起止年度、档案编号、应保管期限、已保管期限和销毁时间等内容。

(二)单位负责人、档案管理机构负责人、会计管理机构负责人、档案管理机构经办人、会计管理机构经办人在会计档案销毁清册上签署意见。

(三)单位档案管理机构负责组织会计档案销毁工作,并与会计管理机构共同派员监销。监销人在会计档案销毁前,应当按照会计档案销毁清册所列内容进行清点核对;在会计档案销毁后,应当在会计档案销毁清册上签名或盖章。

电子会计档案的销毁还应当符合国家有关电子档案的规定,并由单位档案管理机构、会计管理机构和信息系统管理机构共同派员监销。

第十九条　保管期满但未结清的债权债务会计凭证和涉及其他未了事项的会计凭证不得销毁,纸质会计档案应当单独抽出立卷,电子会计档案单独转存,保管到未了事项完结时为止。

单独抽出立卷或转存的会计档案,应当在会计档案鉴定意见书、会计档案销毁清册和会计档案保管清册中列明。

第二十条　单位因撤销、解散、破产或其他原因而终止的,在终止或办理注销登记手续之前形成的会计档案,按照国家档案管理的有关规定处置。

第二十一条　单位分立后原单位存续的,其会计档案应当由分立后的存续方统一保管,其他方可以查阅、复制与其业务相关的会计档案。

单位分立后原单位解散的,其会计档案应当经各方协商后由其中一方代管或按照国家档案管理的有关规定处置,各方可以查阅、复制与其业务相关的会计档案。

单位分立中未结清的会计事项所涉及的会计凭证,应当单独抽出由业务相关方保存,并按照规定办理交接手续。

单位因业务移交其他单位办理所涉及的会计档案,应当由原单位保管,承接业务单位可以查阅、复制与其业务相关的会计档案。对其中未结清的会计事项所涉及的会计凭证,应当单独抽出由承接业务单位保存,并按照规定办理交接手续。

第二十二条　单位合并后原各单位解散或者一方存续其他方解散的,原各单位的会计档案应当由合并后的单位统一保管。单位合并后原各单位仍存续的,其会计档案仍应当由原各单位保管。

第二十三条　建设单位在项目建设期间形成的会计档案,需要移交给建设项目接受单位的,应当在办理竣工财务决算后及时移交,并按照规定办理交接手续。

第二十四条　单位之间交接会计档案时,交接双方应当办理会计档案交接手续。

移交会计档案的单位,应当编制会计档案移交清册,列明应当移交的会计档案名称、卷号、册数、起止年度、档案编号、应保管期限和已保管期限等内容。

交接会计档案时,交接双方应当按照会计档案移交清册所列内容逐项交接,并由交接双方的单位有关负责人负责监督。交接完毕后,交接双方经办人和监督人应当在会计档案移交清册上签名或盖章。

电子会计档案应当与其元数据一并移交,特殊格式的电子会计档案应当与其读取平台一并移交。档案接受单位应当对保存电子会计档案的载体及其技术环境进行检验,确保所接收电子会计档案的准确、完整、可用和安全。

第二十五条 单位的会计档案及其复制件需要携带、寄运或者传输至境外的,应当按照国家有关规定执行。

第二十六条 单位委托中介机构代理记账的,应当在签订的书面委托合同中,明确会计档案的管理要求及相应责任。

第二十七条 违反本办法规定的单位和个人,由县级以上人民政府财政部门、档案行政管理部门依据《中华人民共和国会计法》《中华人民共和国档案法》等法律法规处理处罚。

第二十八条 预算、计划、制度等文件材料,应当执行文书档案管理规定,不适用本办法。

第二十九条 不具备设立档案机构或配备档案工作人员条件的单位和依法建账的个体工商户,其会计档案的收集、整理、保管、利用和鉴定销毁等参照本办法执行。

第三十条 各省、自治区、直辖市、计划单列市人民政府财政部门、档案行政管理部门,新疆生产建设兵团财务局、档案局,国务院各业务主管部门,中国人民解放军总后勤部,可以根据本办法制定具体实施办法。

第三十一条 本办法由财政部、国家档案局负责解释,自 2016 年 1 月 1 日起施行。1998 年 8 月 21 日财政部、国家档案局发布的《会计档案管理办法》(财会字〔1998〕32 号)同时废止。

附表 财政总预算、行政单位、事业单位和税收会计档案保管期限表

序号	档案名称	保管期限			备注
		财政总预算	行政单位 事业单位	税收会计	
一	会计凭证				
1	国家金库编送的各种报表及缴库退库凭证	10 年		10 年	
2	各收入机关编送的报表	10 年			
3	行政单位和事业单位的各种会计凭证		30 年		包括:原始凭证、记账凭证和传票汇总表
4	财政总预算拨款凭证和其他会计凭证	30 年			包括:拨款凭证和其他会计凭证
二	会计账簿				
5	日记账		30 年	30 年	
6	总账	30 年	30 年	30 年	
7	税收日记账(总账)			30 年	
8	明细分类、分户账或登记簿	30 年	30 年	30 年	

附 录
《中华人民共和国会计档案管理办法》

续表

序号	档案名称	保管期限			备 注
		财政总预算	行政单位事业单位	税收会计	
9	行政单位和事业单位固定资产卡片				固定资产报废清理后保管5年
三	财务会计报告				
10	政府综合财务报告	永久			下级财政、本级部门和单位报送的保管2年
11	部门财务报告		永久		所属单位报送的保管2年
12	财政总决算	永久			下级财政、本级部门和单位报送的保管2年
13	部门决算		永久		所属单位报送的保管2年
14	税收年报（决算）			永久	
15	国家金库年报（决算）	10年			
16	基本建设拨、贷款年报（决算）	10年			
17	行政单位和事业单位会计月、季度报表		10年		所属单位报送的保管2年
18	税收会计报表			10年	所属税务机关报送的保管2年
四	其他会计资料				
19	银行存款余额调节表	10年	10年		
20	银行对账单	10年	10年	10年	
21	会计档案移交清册	30年	30年	30年	
22	会计档案保管清册	永久	永久	永久	
23	会计档案销毁清册	永久	永久	永久	
24	会计档案鉴定意见书	永久	永久	永久	

注：税务机关的税务经费会计档案保管期限，按行政单位会计档案保管期限规定办理。

参考文献

[1] 中华人民共和国财政部.企业会计准则.
[2] 全国会计从业资格考试辅导教材编写组.会计基础[M].北京:经济科学出版社,2014.
[3] 苗应安,伍春姑.新编基础会计[M].北京:化学工业出版社,2009.
[4] 马艳华,王竞雄.会计基础项目化教程[M].北京:冶金工业出版社,2012.
[5] 任延冬,禹阿平.新编基础会计[M].6版.大连:大连理工大学出版,2010.
[6] 褚文凤.基础会计实务[M].长春:东北师范大学出版社,2011.